いのちの花が咲いた

老人介護——私たちの試み「一晩親子」

介護老人保健施設「きりしま」
施設長
杉安ひろみ＝編著

今日の話題社

序文

医事評論家　水野　肇

高齢化社会に対応して、一九八七年いらい、老人保健法改正にともなって医療と福祉を合体させた老人保健施設が全国に設立され、さらに二〇〇〇年には、財源確保のため介護保険が導入された。

しかし、だれが高齢化問題の本質を一番よく知っているのかといえば、それは、介護老人保健施設などで黙々と働いているひとたちである。

お年寄り一人ひとりの年齢や症状に応じて、愛情をもって工夫と努力を積み重ねている現場のひとたちの苦労の一端を、本書はかいま見させてくれる。

とりわけ「一晩親子」の実践記録では、子どもや孫になったつもりで、お年寄りと心を通わせ、敬慕の念をもってお世話をする職員たちがいることを知り、心が明るくなるのをおぼえた。深刻な現実に希望の光をなげかけてくれるのも、やはり現場のひとたちなのだ。

こちらが心を開けば、むこうも心を開く。「きりしま」に入所しているお年寄りたちがとっておきの回想談を披露する気になったのも、杉安ひろみ施設長や職員たちと日ごろから心が通い合っていたからにちがいない。

お年寄りを理解する。お年寄りのお世話をする。そのことの重さと尊さを知ってもらうために、多くの日本人に本書を読んでもらいたい。

はじめに

老人介護の現場に入って十年がたつ。十年ひと昔なんて言うが、あっという間だ。しかし、その間に高齢化社会はどんどん進み、「介護の時代」といわれ、介護保険が導入され、介護に関する情報があふれ、介護事業があちこちで展開されている。

いっぽう、戦争の世紀といわれた二十世紀が終わり、新しい世紀を迎えたが、戦いの火は止みそうにないし、唖然とするような事件が毎日のように起こっている。かけがえのない〝いのち〟がいつ危険にさらされるか分からない世の中。〝不条理〟という言葉を感じずにはいられない世の中。親が子を殺し、子が親を殺し、安住の場である〝家庭〟さえもが危険にさらされている世の中……。

こうした時代にあって、お年寄りの〝いのち〟と〝生活〟に向かい合い、見まもっている私たち介護現場の人間にできることは何なのだろうか。しなければならないことは何なのだろうか。

十年たっても私にはわからないことばかりだ。いつも揺れ、とまどい、困っている。そして、うしろめたいような居心地の悪さを感じ続けている。それは、介護をビジネスとせざるをえないからかもしれない。とくに、介護保険が導入されてから、経営者として、施設の長として、一人ひとりのお年寄りの介護度と保険料を胸算用したり、制度が変わるたびに仕切り直しをしたり、「人を喰らう」という言葉を感じてしまう。人間は何らかのかたちで、人を喰らって生きていかなければならないことはわかってはいるが……。

また、毎日送付されてくる介護に関する夥しい情報や文書、浮遊する実体のない言葉の洪水にクラクラする。介護というのは、本来シンプルなもので、こころで感じ、体を使うものなのに……。「巧言令色鮮矣仁《こうげんれいしよくすくなししじん》」という言葉を思い出してしまう。

介護現場の職員がしていることは、自分で自分のことができない、家族にも頼れない、障害をもった老人の〝フロ・メシ・シッコ〟の世話が主体なんだ」なんて言ってはいけないんだろうなあ。横文字や漢字を使って、高度な専門性を強調しなければならないしんどさ。

「入浴・食事・排泄」という介護の基本を、みんなで「ああでもない、こうでもない」とワイワイガヤガヤ話し合いながらきちんとやっていくこと。それがいちばん大切だと思うし、また、それがいちばん難しいとも思う。

高齢化と痴呆性老人が急激に増加する現場で「気持ちよく、満足のいく、入浴・食事・排泄」を中心とした介護を日々、きちんと行っていくことは、実際たいへんである。

私たち施設の介護者のいちばんの不満は、ていねいなゆとりのある介護ができないということだ。

たくさんの人を限りある人数で介護しなければならない。時間やスケジュールや記録に追われないで、ゆったりとのんびりと自由にできる介護の時間がほしい。一人のひとにじっくり、つきそっていたい。

介護老人保健施設（以下略して老健）は「病院と家との中間施設」「家庭復帰のための施設」である。しかし、帰ることのできるひとは病院から家に帰り、一人暮らしや、なんらかの理由で家に帰れないひとが入所するケースが多い。家でやっていけそうなひとに帰ってもらっても、再入所したり、入院したり、ほかの施設に行ってしまう人もいる。

病院なら治療のゴールがあるが、老健施設のゴールは曖昧である。

〝家庭復帰〟という老健の役割の前で、私たちは「家庭ってなんだろう」「家族ってなんだろう」「家庭復帰とはどういう状態をいうのだろう」（だって、一週間か二週間家に帰って、ショートステイを二週間ほど利用して一カ月過ぎ、また入所したって家庭復帰にはならないと私は思う）という、一筋縄ではいかない問題に直面せざるをえないのだ。

私たちの施設では、五十人の入所者の四十人近くが車椅子を使用し、九十歳以上の人が十四人いる。この状況のなかで、施設で快適に安心して生活でき、少しでも「楽しかったな」という想いを人生の終わりにもってほしいというのが、みんなの共通の願いかな……ぐらいしか言えない。

血のつながりがなくても、楽しく豊かな人間関係を築いていけるはずだし、築いていきたい。長く続くのがいちばんいいけれど、一時的であってもいいし、すぐに忘れられてしまってもいいと思う。

そして、お年寄りの世話をし、お年寄りとコミュニケーションをとり、「有難う」という一言がうれしくて介護の世界に飛びこんできた、生き生きとした感情をもった介護者たちが、いつまでも元気でいてほしい……。

そんなことを考えているうちに「一晩親子」というのはどうかな？　と思った。

五十人の入所者がいて、私たちは平等に介護しなければならないが、なかには、気になるひと、もっとゆっくり話がしたいひと、なんとなく気の合うひと、などがいるはずだ。そうしたひとと好きな夕食を作り、ささやかな晩餐会をし、二人でゆっくり温泉に浸り、おしゃべりしながら枕をならべて寝るのだ。介護者と入所者、一対一のゆったりした〝時〟を共有し〝親子ごっこ〟するっておもしろそうだな。

さっそくみんなに提案してみた。

「それは家族のすることじゃない？」という声もあったし「一日だけそんなことをするより、毎日の介護の質の向上をめざすべきだ」という考えのひともいたようだ。なによりも「当直者を一人増やすとなると、人員のやりくりが大変だ」と婦長は困惑した。

そして、みんながいちばん心配したのは「親子になってもらえないひとがでてくるのでは？」ということだった。その点、私はクールだから「しかたないんじゃない」だった。

細かいことは決めず、自由に、夕方から翌朝まで過ごす。場所はどこを使ってもいいが施設内で寝る。当直料は払うけど、後のかかった費用は知ーらない。「豪華な食事がしたいといわれたらどうします？」「お金ないからダメっていえばいいよ」。自分のできることを自由にすればいい。スケジュールや時間にしばられないで。

どの介護者がどのお年寄りを選び、どんな時間をすごすんだろう……と楽しみでもあった。

選ばれるお年寄りは、会話ができ、比較的自立度の高いひとばかりだろうと、私は予想していた。また、介護者は女性だから、女性のお年寄りしか念頭になかった。しかし、みんなが選んだひとは、介護度も重く、手のかかる人が多かった。男性もいた。いつも、充分な介護ができず心残りだったから、この機会に一晩でも心ゆくまで甘えさせてあげたい……と。（なんて、うちの職員はえらいのだろう！）

本書の前半には、介護の現場で私たちが体験した楽しい「一晩親子」の日誌記録を収録した。後半には、職員たちが介護の現場で感じていることや思っていること、さらには入所のお年寄りたちが胸に秘めていた「一度は聞いてもらいたかったこと」について、本人の手記や、私が聞き書き取材したものを、そのまま収録した。

老健「きりしま」が開設されて十年がすぎたので、記念誌にもなるだろう。

タイトルは、九十二歳のお年寄りが一晩親子の朝、「花が咲いた。いのちの花が咲いた」と言われたステキな言葉を、そのまま拝借した。

平成十五年九月十五日（敬老の日）

杉安ひろみ

目次

Part.2

介護という仕事に携わって【介護職員の感想集】

Part.3

こうやって生きてきたよ【お年寄りの回想集】

Part.1

いのちの花が咲いたね！

【一晩親子の日誌から】

介護職員が入所のお年寄りと「親子」のきずなを結び、寝食をともにして、心の底から語りあった――。その体験を綴った「一晩親子」の日誌を、原文のまま収録したのが本章である。〝介護をこえた介護〟を通して、職員たちは何を学び、どんなことに気づいたのか？

寝る時間を惜しんで話された九十年の苦楽

――西田さん（明治41年生まれ／介護度5）

杉安ひろみ（施設長）

「一晩親子」は、言い出しっぺの施設長（杉安）から始めることにしました。職員たちは「施設長に介護ができるかなー？」私も、初めての当直でちょっと心配。西田さんを選んだ理由は九十三歳という高齢であり、子供さんが横浜と熊本にいるので、家に帰る機会がないこと。できるだけ自分のことは自分でしようという自立心が旺盛であり、血液型が私と同じB型。施設生活に馴染んでいないようで、集団生活を不自由に感じ、不満をもっているのではないかと思ったからです。

さて、今日はゆっくり、西田さんの話を聞いてみよう。

＊

夕方、ビールやお寿司、煮物を持ち込んで二人でゆっくりと食事の時間を持ちました。西田さんの一番の不満は「もっとゆっくり食事がしたい」「みんな、黙って食べていて、食事の楽しさがない」ということ。西田さんは台湾生まれで台湾育ち。きっと賑やかな食卓だったのだろう。しかし、手の関節が曲がり、力が入らず、食べるのに苦労している西田さんを見ていると、障害を持った老人にとって「食事」は大変な作業なのかもしれない……楽しく余裕のある時間ではないのかもしれない……と思ったりしました。

「おかしな献立がありますよ」

「何?」

「ソーメン、うどんなどの麺類と春雨とか」

「そりゃ、変だ」

食後、外はまだ明るいので、車椅子でベランダを散歩。

テレビでニュースを見る。小泉首相の靖国神社参拝を取り上げている。

「私は、首相が参拝しても良いと思うのですが……。なぜいけないのでしょう」

さあ、何と答える? 九十三歳にして時事問題に関心があるなんて素晴らしい!

いよいよ入浴です!「一晩親子」の主目的は、夜ゆっくり温泉に入ることです。

しかし……入浴介助をしていない施設長は、水道の蛇口がわからない、イスがわからないで、あっちこっち走り、結局、お湯が熱すぎて湯ぶねに入れず、ザーザーとお湯を体にかけるだけで終った。失敗をしてしまいました。

移動が大変。「イチ、ニィ、サン」と自分で声をかけ、踏ん張って立つ。膝がものすごく変形していて、膝蓋骨《しつがいこつ》が前になく、どこを向いているのか分からないほどになっている。衣服着脱は時間がかかるが、上着は自分で出来、下着は介助が必要。

お風呂からあがり、ＡＤＬ室へ。

十年前から常用している精神安定剤を服用（やめられないし、やめる気もない）それに痛み止めの座薬を挿入して、ベッドへ。いつもは薬を飲んで三十分もしたら眠くなるということだったが、次々と話をされ（後掲）、十時頃ようやく眠りに入られる。

夜半、一度トイレに起きられ介助する。

5時30分、トイレに起きられそのまま起床。自分で入れ歯を洗い、洗顔、着替えも時間がかかるが自力で。化粧品も持っているし化粧もしたいが、ここでは何かイヤミを言われそうで、する気がないとのこと。

西田さんは台湾生まれの台湾育ち。二十一歳で結婚、夫は鉄道勤務で台北、台中、高雄などに住んだ。戦争ですべてを失い、夫と子供三人を連れ日本へ。〝憧れの日本〟だったが、焦土と化していてビックリする。言葉がわからなかったり（「マンジュウをふかしてあげる」と言ったら笑われた。「マンジュウって○○のことなんですってネ！」）。慣れない農業（肥料で失敗とか）や養鶏などで体を酷使し、曲がってしまった。

西田さんは、日本での生活についてはあまり話さず、台湾のことを主に話された。得意な料理はギョウザとビーフン、台湾ではマンゴなど果物がおいしかったので、今でも果物が大好き。「センダンやアカシアの並木が美しく、もういちど台湾に行ってみたい。もう、行けませんよね」（どうかして連れて行ってあげたいな）

「九十年、本当に長い人生だった。百歳までも生きたくない。体が思うように動かないのでつらいですよ」「人間は生まれるときから寿命が決まっているのでしょうか。もし、そうなら、そっと教えてほしいですよネ」

「もう（一晩親子は）まわってきませんよね。これが最初で最後なんでしょうね」と言われるので、「また、まわってくるから、それまで元気でいてネ」と言うと、「そうですね。そのとき前のことを忘れてしまうと困るので、アルツハイマーにならないようにします」

＊

何ごともなくあっという間に一晩が終わった。一人の方とゆっくり接することができ、とてもよかった。いろいろと話ができ、ホンネも聴ける。お年寄りと話をするには、こちらにもいろいろな知識がなくては続かない。台湾のことについて、ほとんど知らなかったことに気づかされる。

夢のような「神話的時間」
――平山さん（大正9年生まれ／介護度1）

林恵美子（介護福祉士）

数年前、平山イネさんは老健の入所者として三階個室の住人であった。口数の多い、どちらかといえば自己主張の強い個性派でマイペースを崩さない方だったと思う。

その後、家に帰られ、はるか牧園町からデイケアに通って来られることになり、片道三十分以上のみちのりを月に何度か御一緒することになった。

マイペースは更に色濃く、シャキシャキと角張ったお人柄も何やらぼんやりと丸みを帯びてこられて、年がら年中、杖のありかや、コルセットの置き場所など探し回っておられるような印象があった。

その後、同居の義息一家に大きな人生の転機が訪れ、そのトラブルに巻き込まれたイネさんは八十歳の高齢者にとっては過酷すぎる状況の変化に耐え、結局、ほぼ身ひとつで再び老健の入所者として生活を始められることになった。

イネさんにとって老健は「終《つい》の棲家《すみか》」になっていくのだろうか？

そんなことを考えていたところ、この企画がもちあがり、すぐ「イネさん！」と心に決めた。

私はデイケアの担当だが、イネさんは何度かデイ室に来られて簡易編み機の編み物を習ったりしておられたので、私のことはわかっておられるはず……だが不安もいっぱいなので一週間位前から、何度も回数を重ねて「お泊り」について話をする。

「何かしたいことはないですか？」

「靴下を買いたい」

「何か食べたいものは？」

「マグロの入った巻き寿司」

よーし、それじゃ、買い物に行こう！

当日予定より早く出勤して買い物に行こう！　と張り切って訪室。ところが、眼底痛を訴えられたイネさんを、午前中、眼科受診に連れていったところ、すっかり疲れて午後はずっとベッドに入っておられるとのこと。

「こんにちは。マグロの寿司を買いに出かけましょうか」

「いいや。ご飯を食べるより寝とったほうがマシじゃ」

仕方なく待つことにする。午後五時前、「イネさんが起きましたよー」とお知らせが入る。

眼のことで落ち込んでいらっしゃるのでは……との心配をよそに、本人はいたって元気で「眼の先生がな、何かいろいろ言って下さったけど、さっぱりわからなかったの」……イネさんは耳が遠いのだった。病状が悪いと聞き、ショックで寝込んでいたのではなかった。ホッとしてお風呂に誘う。

いつもの介助浴の喧騒が嘘のように、ひっそりと湯をたたえた温泉は、夕方の陽光を反射してキラキラ光っている。〝こんな時間帯に、のんびり風呂に入れたらいいかもしれないな〟と入所者の生活サイクルに想いを馳せていると、「あんたも湯につかって温まりなさい」とイネさん。湯船で肩を並べる。イネさんは息子さんの事業にからむ、ご自分の受難について語られる。

風呂あがりに食堂でゆっくり食事。その後、入浴中に洗濯機に放り込んでいたイネさんの洗濯物ひと山を干しながら「歌は好きですか？」「はい。昔は歌も踊りも、ようしよったのよ」

そういえば、デイケアのころ三味線を持ってこられたりしていた。

二人でデイ室の大型テレビの前にマッサージチェアを二台並べ、極楽気分で昭和二十年代のディスクをかける。画面には懐かしい映画の場面。男優女優の名を言うと「ああ、そうでしたね」と徐々に心は青春にプレイバックしていくようす。やがて話は家族の思い出に。

北海道の亡くなった一番下の弟さんのこと、霧島の弟さんたちのこと、大分の妹さん、お父さん、お母さん、叔父さんのことと話はつきない。途中、部屋に戻り寝る準備をする。

「私のことばかり話してごめんね。あんたの小さい頃のことも話して！」ふと、我にかえったように言われて話は止んだ。しゃべり続けておられたので自覚しておられなかったのだろうが、もう、かなり眠いのだろう。

私は、少女時代にレンゲの首飾りやシロツメグサの花輪を、いくつもいくつも作ったことなど、とろとろと語る。今まで見たこともない穏やかな表情で「ウン、ウン」と肯きながら聞いてくださる。「四葉のクローバをみつけたときは、もううれしくて」……よく見ると、枕に頭が沈んでいる。「おやすみなさい」声をかけ、布団をかける。

5時半起床。「あんたはまだ寝ていなさい」と気遣ってくださる。「朝ごはんを部屋に運んでもらって二人で食べましょう。私がお茶を淹《い》れるから」まるで親戚の娘のように接してくださる。

7時20分。イネさんは朝ごはんを食べずに待っていて下さる。私の湯呑みに私用のお茶を淹れて下さっていた！　ありがたくいただきながら、朝ごはんの時間を共有する。

ところが、その頃から話はヘンテコリンに。

しきりに「キヌちゃん」「懐かしい」「よう来てくださったなあ」と辻褄《つじつま》の合わないことを口走っておられるのでよく聞いてみると、昔イネさんの近所に住んでいて、仲良くしていた中国人一家の娘さん〝キヌちゃん〟が四十年ぶりに会いに来てくれたと思い込み、再会に感激しておられたのだ。

「ここの一階に林さんという人がいて、いろいろ世話になってるけど、あんたによく似てるの。このチリ紙入れとお手玉入れも作ってくれてね」

「え〜っ‼　それが私ですよ。私が、は・や・し」

「おまんさぁのお父さんは、中国人じゃないの？」

「それは、キヌちゃんのお父さんですよね」

なんとかわかってもらったような気がして、別れのあいさつをすると、エレベーターの前まで送って下さり、涙ぐみながらしっかり手を握りしめて「今度いつ会えるか、わからんなぁ」と、いまだ夢醒《さ》めやらず。それでも、「ゆうべのことは、夢かほんとのことか、わからんような気分やけど、一生の思い出になりました。うれしかった」とおっしゃったキ・モ・チは、〝本物〟だったと思う。私も幸せな気持ちでいっぱいに。林でもキヌちゃんでも、それはどっちでもいいことなのかも……。

おてんばで、早起きで、朝湯の好きな、めんどう見のいいお姉さん……イネ少女の姿が、テレビドラマのように浮かんできます。

夢一夜。

鶴見俊輔氏の著作の中に「神話的時間」という言葉がでてきます。この一夜は、まさに神話的時間をすごしたのだと思います。

願わくば、他の入所者、通所者すべての人とこんな風に過ごしてみたい……。

「カゼをひくよ」と私にふとんをかけて下さった
——桑木野さん（明治36年生まれ／介護度5）

宮崎博子（介護員）

［16時30分／入浴］浴槽にお湯がたまっていなかったので、シャワー浴のみでした。「中に入れないのかなぁ」と言われたので、「お湯がたまっていなかったの」と言うと残念そうでした。

＊

［17時20分／夕食作り］今日はいつもの施設の食事に加え「自分たちで何か作ってみよう！」と思い、「ニラ入り玉子焼き」と「鶏肉とニラの砂糖醤油煮」を作りました。桑木野さんにはニラの掃除（ニラの先の黄色くなっているところを切る）をしてもらいました。

はじめに私がすると、自分からニラを持ち、ちぎっていました。その手つきに「昔からやっていたんだなぁ」と感じました。私は卵をといで、桑木野さんが掃除したニラを切り、玉子焼きを作りました。

＊

［17時40分／夕食］「いつもと少しちがうなぁ」という顔をしながら、ご飯を食べる。ご飯は二割ぐらいで、玉子焼きを「おいしいなぁ」と言いながら四つ食べました。鶏肉とニラの醤油煮も（食べられるかなぁと思っていましたが）パクパクと食べておられました。

＊

［18時／片付け］お茶わんを洗ったり、鍋を洗っていると、ずっと私の方をみて「包丁とまな板」などと、指さして言っていました。

＊

［18時10分／散歩］老健のまわりを少し散歩しました。「こんなところに私はいるのなぁ……」と大きく目をあけ、うれしそうに叫んでいました。

＊

［18時20分／シーツ交換］シーツ交換。今晩泊まる部屋を掃除し、ふとんのシーツをとりかえました。シーツをたたむ時、桑木野さんにも手伝ってもらいました。

＊

［18時45分／談話室にて］テレビを見たり、本を読んだり（文字の大きいものだけ手でなぞりながら読む）、ちょっとウトウトしたり、お茶を飲んでカステラを食べたり。い

つのまにか桑木野さんが一人で全部食べていてびっくりしました。私が手のマッサージや肩もみをすると、「あ〜、こりゃーきもちいいなぁ」とニコニコされます。

＊

［20時10分／不安から笑顔へ］三階の皆さんが誰も見当たらず静かになったため、「私は誰とここに来たのかなぁ?」と言い、不安そう。車イスに乗せ二階へ連れていくと、いつものメンバー（患者さん）と出会い、ホッとしたのか笑顔になる。

＊

［20時40分／ADL室にて］ウトウトし始めたのでトイレ誘導し、寝床で休んでもらう。部屋がいつもとちがうため、「ここはどこなぁ?」などと言いソワソワされる。ヨーグルトを食べると「おいしいなぁ…」と、また笑顔がもどり横になられる。私もとなりに寝ると、ふとんをかけて下さる。「私はいいよ！」と言うと、「かぜひくよ」と優しく声をかけて下さる。

＊

［21時10分／就寝］良眠中。ｚｚｚｚｚ……

＊

［21時50分／梅酒で乾杯］私が書き物をしていたので起きてしまう。「どうしたんです

か?」と聞かれたので、「ごめんね。勉強してたの」と答える。梅酒を持ってきていたので、一緒に飲むことにした。二人で「カンパーイ!」。ヒトクチ飲み、「これは強いなぁ。あんたはお酒が強いのねぇ」と言われる。いつのまにか、また横になられる。

＊

［1時15分・5時30分／排尿］ポータブルにて排尿。夜間良眠で、排尿もいつもより回数は少ないが、量はふだんよりも多い。

＊

［6時35分／起床］「おはようございます」と言うと、「おはよう!」と笑顔。「きょうはどこも痛くない」と、手の運動をされている。

＊

［6時40分／散歩］顔を洗い、外へ散歩に行き、ラジオ体操をする。

久しぶりにお母さんに逢ったかのよう…

――小川さん（明治42年生まれ／介護度1）

長崎ヨシ子（介護員）

［16時10分／あいさつ］いつも見慣れた後ろ姿で、ベッドにかけておられた。「こんにちは。今日はよろしくお願いします」と言うと、「拾い児《ご》か、貰《もら》い児か、よく来てくれたねぇ」と、両手を広げて迎えて下さった。私も感激。瞬時に親子成立。

＊

［16時40分／一階食堂で食事］「枕崎（私の出身地）は台風が強いでしょう。種子島にいたことがあります。人情の厚いところだと思った。昔の丁寧な言葉を使っていて、いい言葉で…」と、方言の話になった。勧められて「狂句」の会に入ったのだけれど、ていねいな人情味のある優しい本当の方言を聞きたい、話したい、話す人にお目にかかりたい、とのこと。私も同感。ふざけた方言ではなくて、気持ちの温まるような方言がみつからなくてさびしいと、そんな話になりました。

＊

［17時30分］テレビで相撲を観戦。

＊

［18時／散歩］「柿がきれい…。渋柿かねぇ…。こね柿じゃんそあ」「あら、栗がクルマに轢《ひ》かれて、むいねごあんさぁ」と、杖で道の脇に押しやる。

「彼岸花、きれい！　あした、あさって彼岸じゃんさおなあ。神宮大橋のオレンジの灯り、神楽太鼓の話、あれは橋の欄干《らんかん》の灯籠。稲が、ホラもう色づいちょんが、まあ、黄色いなったもんじゃ。そいどん、（刈り入れは）まだまだ」。

振り返ると、桜島が夕日を浴びてきれい。そこでパチリ！

「小川さんは絵をかっきゃらんのお？」とたずねる。

「あたやなぁ、あの高千穂をかこごうあっせえなあ、嫁が画帳を買っきてせぇ、あてごたとじゃんどん、いけっせえん、おまんさあ、書っがなあんと、ごあんさあ、やっぱい、こおなあ、（高千穂がきれい）おもごっかっが、なあんとごあんさあ、おかしとなあ」

好きな絵の話。桜島がきれい。

＊

［19時／入浴］職員風呂に入ることにする。「せまくてもいいですよ。自分は散歩のあと、お湯で拭いているんですよ」と喜ばれる。広くないから、たぶん水を満たすのは速い。

それでも、着いてから水を貯めたのは、ちょっとまずかった。「シャワーだけでいいですから……」と気遣って下さる。が、お湯が湯舟の半分ほどになると、「あんたは入らんの？」と、せかされる。少しせまいかなぁと遠慮ぎみだったけど、結局一緒に入浴。湯舟はあふれるほどになってキャーキャーと騒ぐ。おたがいに背中ゴシゴシ。「何年ぶり？」。汗と涙、笑いながら満足満足。

＊

［20時］りんごをいただいて食べる。「自分でむいて食べるなんて、なかったですねぇ。食べたいと思っても、むかないからねぇ」と。

＊

［21時10分］二人並んで布団に入る。「薬が効くので、いつの間にか眠ってしまうんですよ」と言いながらも、おしゃべりは続く。「枕崎に行ったことはなかったですが、南薩摩鉄道ですか」「吹上浜に行った」「山川に行った。白水館に泊まったことがある」。

本当に薬が効いたのか不安になってくる。私の方がウトウトといきそうな気配。

［21時50分］すやすやとここちよいイビキ。小川さんは耳が遠いので私の話を聞きもらすまいと耳に当てた右手が気にかかるけれど、動かすのも気がひける。寝顔をしげしげと眺める。至福のとき。

＊

［23時］寒かったのか、半分はいでいた布団を引っ張って掛けられた（目は閉じたまま）。耳に当てていた手を、布団の中に伸ばされる。ホッとする。

［3時40分］トイレに起きられた。

［4時30分］「よく眠ったわ。いま何時ですか？」と、目を閉じたまま聞かれる。「4時半です」と答えると、うなずかれる。外は真っ暗。

＊

［5時20分］起床。外は白んでいる。床を上げて部屋に帰る。一人で着替えをされる。私が掃除をしていると、「ここにいるときぐらいはのんびりしなさい」

＊

［6時］二階に降りる。まだ静かなので小川さんのところへ戻る。「お茶を飲みましょう」と急須を持って出られたので後に続く。高千穂がエビ色に染まり日の出が近い。すてきな眺め。和田さんも一緒におしゃべり。「娘ができました」と小川さん。「よかやしたなあ、ほんによかやしたなあ」と和田さん。

＊

［6時15分］日の出がそこまできている。カメラをさがす私。「出るよ、出るよ」とせか

す小川さん。日の出！　手を合わせて今日を感謝する。みるみるうちに昇る太陽。「お日様が上がるのが速いね」と私が言うと、「それだけ地球が速く回っているのでしょうね」と小川さん。

一瞬、私はたじろぐ。そうなんだ！　お日様があんなに速く上がるのは、地球が同じ速さで回転しているからだ！　日の出と一緒に小川さんをパチリ。

＊

［7時～8時］私は二階の手伝いに降りる。

＊

［8時］「ただいまぁ！」。彼女は夕べ差し上げた雑誌『野路』を見ておられた。掲載されている私の作品を「いい詩ですね」と言って下さる。上手《うま》くはないけれど「いい詩」でよかった。

＊

［8時10分］小川さんの部屋で朝食。話の続き、夢の続き、いっぱい、いっぱい。ありがとう。ありがとう。

言葉がわかるまで何回も何回も話を聴いた

――鈴木さん（大正14年生まれ／介護度5）

東川由美子（介護福祉士）

鈴木さんは週二回のデイケアに来られていますが、時々ショートステイを利用されています。ショートを利用されると聞いたのでその機会を捉えました。話好きな人ですが構音障害があり、言葉が聞き取りにくいため時間がかかり、ゆっくり話を聞けません。また、入浴が好きで、いつもデイケアの入浴を楽しみに来られています。が、限られた時間と回数の入浴です。そこで私は、ゆっくり鈴木さんの話を聞き、入浴や食事もゆっくりしてもらいたいと思いました。「一晩親子」のことを事前に奥さんに話すと、奥さんは「ともかく、主人の話をわかるまで聞いてやってください」と言われました。

［16時30分／入浴］最初にシャワー浴をする。次に機械浴で浴槽につかる。浴槽の中で、軽いマッサージを行う。食事の時、フォークを口まで持っていくのがむずかしいと言われる。両腕の曲げ伸ばしをする。自分の家にある桜の木の話をして下さる。

＊

［17時20分］入浴後、会議室前の壁に鈴木さんの書いた詩を見に行く。シベリアにいた頃の話を少しして下さる。職員の人たちとも話をしたりする。

＊

［17時40分／夕食］三階のＡＤＬ室で、二人で夕食。入浴後だったため、「ジュースを飲みますか」とたずねると「焼酎」と言われた。持ってきた焼酎を水で薄めてストローで飲み「薄いです」と言われる。自宅でも土曜日以外は晩酌しているとのこと。ただの焼酎ではなく薬草を入れたりしているそうです。

夕食の揚げ物を上手に食べておられた。持参した卵豆腐を介助でおすすめすると、「おいしい」といって全部食べて下さった。お酒を飲みながらだったせいか、おかゆの方があまり減らなかった。おかずは、ほとんど食べておられた。

＊

［19時30分］トイレ誘導し、排尿あり。テレビ室にて、少しテレビを見ておられる。

＊

［20時／コミュニケーション］夕食のあと二人で話をする。私が下膳しに行っている間にコップ一杯入っていた焼酎を一人でグイグイと飲んでおられた。私がびっくりした顔をすると、鈴木さんは顔を真っ赤にして大笑いされている。鈴木さんの自宅の話や家族の話をする。リハビリの塩入谷先生の名前が何回もでてきた。鈴木さんの言葉を、わかるまで何回も何回も聞いた。どうしてもわからない時には、紙に書いてもらった。

鈴木さんは短歌を作られると聞いたので、一首お願いしたが、〝恵まれた　風呂に入れ……〟で止まってしまった。少し酔っぱらったようです。

＊

［21時30分／就寝］デザートのヨーグルトを一つ食べて、トイレ誘導し、自室に戻る。ベッド臥床《がしょう》し、ラジオを聞く（ＮＨＫがいいそうです）。何度も「ありがとう、ありがとう」と言われる。「何か用のあるときは鳴らしてね」と、手に鈴をもってもらう。私

はテレビ室のソファーを鈴木さんの部屋に移動して、今夜はすぐ傍で寝ることにする。

＊

［22時30分］尿意（＋）尿器にて排尿す。なかなか眠られないため、「眠くないですか」とたずねると「ラジオを聞いている」と言われた。

［23時15分］尿意（＋）小パッド内に排尿あり。左足底の痛みあり。本人持ちの冷湿布貼用する。

＊

［5時30分］目が覚める。ラジオを聞きたいとのことで、イヤホンをつける。

＊

［6時15分／起床］服を着がえ、洗面する。「よく眠れました」と言われる。

＊

［6時30分／散歩］老健の周りを散歩する。少し肌寒かったが、「気持ちいい」と言われる。新聞配達のお兄さんにあいさつをされる。朝食がくるまで新聞を読まれる。

＊

【感想】月に一度「ショートステイ」を利用されているが、なかなかゆっくり話を聞くことができなかったため、鈴木さんと一晩すごし、話をゆっくり聞けたらと思っていました。

鈴木さんの言葉がわかるまで何回も何回も聞きました。どうしてもわからないときは紙に書いてもらいました。お年寄りは、話を聞いてもらうことがとても嬉しいのだと思いました。夕方に入浴できたこともうれしかったようです。

数日後、鈴木さんは短歌を作ってくださいました。

ショートステイ　親子介護で風呂に入り　朝の散策高千穂間近に

大きな大きなお母さんに見えた

——指宿さん（大正5年生まれ／介護度1）

山本美紀（介護福祉士）

「たくさん話をしたいけど、何から話したらよいのか？」

いろいろ考えながら車で老健に着く。少し緊張もしながら……。でも、不安を与えないように、楽しく一晩過ごせるように、自分がしっかりしなければ！

私が指宿さんと「一晩親子」をしようと思った理由の一つは、指宿さんが十月一日で退所になるので、老健での思い出作りをしたかったこと。二つ目は、私には到達できない、人への平等な変わらない優しさや寛大さをもっている指宿さんと、一度ゆっくり話をして、少しでもその良さを教わりたかったこと。

＊

［16時30分］まずは外へ散歩に行く。その道中で話されるには……亡くなった旦那さんは、指宿さんにも子供さんたちにもとても優しくて、子供さんたちを叱る役はいつも指宿さんだった。夫婦ともに運転免許を持っていなかったので、指宿さんは畑や田圃までいつも歩いて行っていた。「自転車は？」と聞くと、「それも乗れません」と苦笑い。

さらに、同じ老健の入所者である吉留さんとはいとこで、小さいころ何回か会っただけなので顔をよく覚えておらず、名前だけ知っていたとか。ここに来て吉留さんがいることを聞いて「八十年ぶりの再会がとても嬉しかった」と話された。

でも十月一日にはここを退所する予定で、その理由は、「家の近くに夫の墓もあり、家には仏壇もあるし、こんな体だけど、私が守らないといけない！」と……。その姿は、病気など感じさせない、大きな大きなお母さんに見えました。やっぱり家がいいんだなぁ～っと実感。

＊

［17時］「大好きな『水戸黄門』を見たい！」と言われ、二階の最前列でテレビ鑑賞中。

＊

［18時30分］入浴の準備をし風呂場へ行く。浴場のタイルの床が滑りそうで、両手に力が入る。椅子にすわり背中を洗いながら、「八十七年生きてきたけど、八十七年はとっても長かった……」と、何だか重みのある言葉。

浴槽に入り「気持ちいい～」と言われ、私も一人の方にゆっくりお風呂に入ってもらい、最初から最後まで手伝いをさせてもらって、すごく嬉しい。

＊

［19時30分］ＡＤＬ室で夕食を一緒に食べる。お茶を飲みながら、「小学校を卒業してから七年間、農業の出稼ぎに他人の家で生活していた。だから多少のことは我慢できる。嬉しいことも嫌なことも山ほどあった。でも親を楽にさせてあげたいとガムシャラに働いた」と、昔話をされる。

＊

［20時］二階へもどり詰所の前を通ると、「指宿さーん！　指宿さーん！」と、みるこさんの声が……。三人で話をする。みるこさんとは、病院にいたとき部屋が一緒で仲良しだったとのこと。たくさんの話をしたあと、指宿さんが、「斉藤アキエさんのベッドの具合がよければ、二人で話をしに行きましょう！」と言われるので、アキエさんのベッドまで行く。アキエさんは目をパッチリあけ「指宿さんやなぁー」と分かり、話がはずむ。アキエさんのことがとっても気になっていたみたい。

＊

［21時］自室に帰り、就寝の準備をする。ベッド柵にタオルをかけたり、足を高くして寝られるよう枕やバスタオルを重ねたり等々…。その間、若松さんが「♪スッ卜ントン、スッ卜トンで手を叩く～♪」と、四曲ほど唄って下さる。

＊

［21時30分］入床される

＊

［23時］ポータブルトイレの方へ起きるはずが、床頭台の方へ起きている。「どうしました？」の問いに「まちがってこっちに起きてしまいました—」と言いながら、自分のベッドの周囲をまわって行かれる。

＊

［2時］覚醒中。ゆっくり寝てもらおうと、私も少しのあいだ席を外す。

＊

［3時］良眠中のため、詰所に戻ることにする。

＊

［3時20分］ナースコールあり。「体を真ん中にして下さい」とのことで、当直者がして下さる。

＊

［5時30分］良眠中。

＊

［6時］起床、自分で洗顔される。

＊

［6時30分］外へ散歩に行くが、強風のため早く切りあげ、今日は土曜日でリハビリの先生がいないので物理療法をする。

＊

［8時30分］「娘が一人ふえて嬉しい。一生の思い出です」と言って下さり、すごく嬉しかった。指宿さんは読書好きで、特に歴史物をよく読まれる。NHKテレビの大河ドラマ『北条時宗』の文庫本をプレゼントする。

＊

【感想】指宿さんの夢は「もう一度富士山を見に行くこと」。旦那さんとの思い出のある、あの何とも素晴らしい富士山が忘れられない、と語られる。この夢が叶うまで、どうか元気・元気でいてほしい。

そばにいてあげることの大切さがわかった

——前田さん（昭和9年生まれ／介護度4）

赤塚愛子（看護婦）

［17時］三階のADL室で、二人で食事をする。事前に、何か食べたいおかずがあるかをたずねたら「オムレツが大好き」との返事だったので、自宅で準備してくる。「主人は酒・タバコはしないが自分はのめる」と、準備した梅酒をのみながら、家族のこと、兄弟のこと、ブロイラーのことなど話される。少し耳が遠いことに気づく。食後の口腔ケアー施行、入れ歯を消毒に出す。

＊

［19時］入れ歯を外すとヨダレが出るとの訴えがあり、入れ歯を装着する。テレビを見るが、梅酒が効いたのか入眠されている。声かけするとビックリ！　夜は一眠りすると「二度寝」はできないと話される。

［19時30分］化粧を落とし顔の手入れをする。「気持ちがいい」と笑顔を見せられる。氷水の水分補給をする。巨峰三個を摂取。

＊

［20時］「眠い」との訴えあり、畳の部屋へ入床させる。入れ歯は消毒に出す。すぐに入眠する。私は退室。

＊

［21時］オムツ交換。全く覚醒されず。

［0時］オムツ交換。軽いイビキをかいて入眠中。

［0時40分］私もとなりの布団へ入床して読書。

＊

［4時］起き出し、布団からはい出している。オムツ交換をする。検尿が気になる様子で「オシッコを取らんと」と話される。まだ時間が早いことを説明して入床をすすめ、入眠してもらう。

＊

［5時30分］〝娘〟は起床。

［6時］オムツ交換し、起床、洗面、入れ歯装着をする。

［7時］お化粧をし写真撮影。氷水飲用。

＊

［7時30分］朝食。「夕べはごちそうだったのにねー」と言いながらも全量摂取される。

＊

【感想】いつもは話し好きのように感じていたが、話し好きではなく、自分にかまって欲しかっただけなのかも知れない。私がそばについているだけで安心なのか、自分から話をされることは少なく、こちらからの問いかけにも長続きしない。

前田さんの一人娘としては失敗だったかなと思ったが、後で施設長から聞いた話では、前田さんは私のことを「お母さんみたい」とおっしゃったそうで、どんなことであれ喜んでもらえたので満足している。

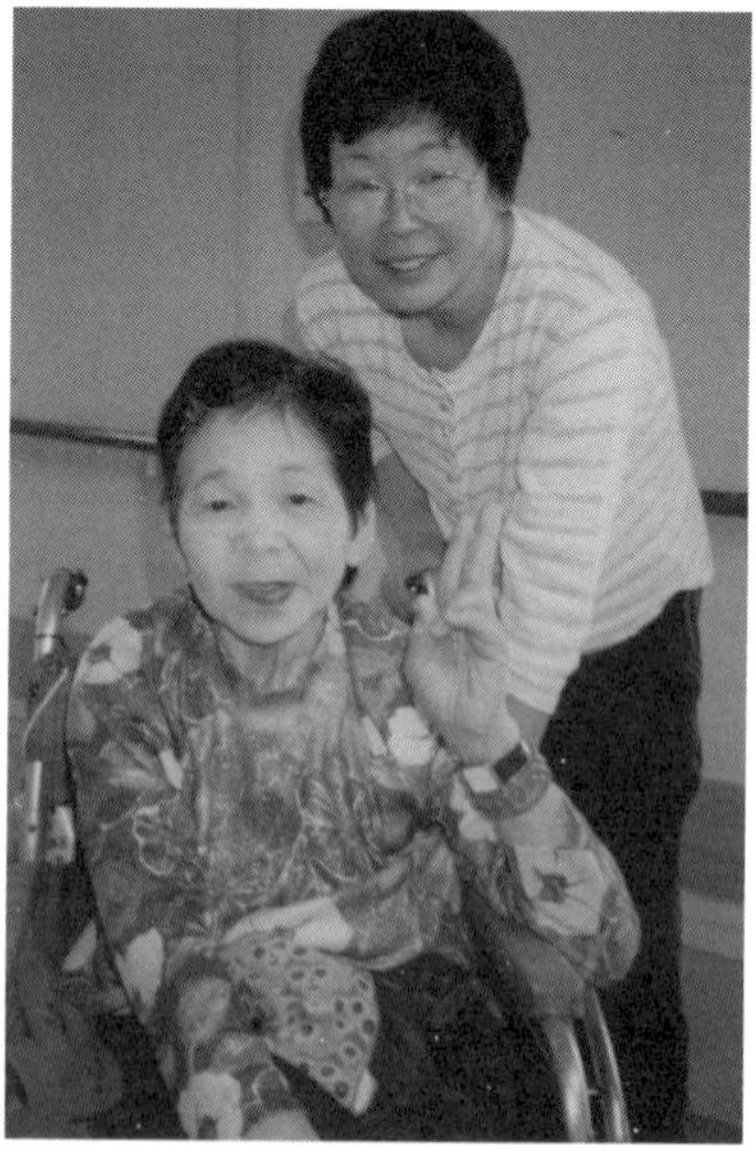

にぎやかな焼肉パーティー

――高平さん（大正14年生まれ／介護度3）

松栄則子（介護福祉士）

「一晩親子」を担当することになった私が高平さんを選んだ理由は、家族の面会が皆無に等しいからです。人それぞれに訳があろうけど、年老いて施設で暮らし、また、愛《いと》しい人にも去られ、煩わしいことは「忘れたよ……」と言われる。肉親の面会もなく、ただ時を生きている。そんな高平さんにひとときでも、わずかでも、心うきうきとした時間を作ってあげられたら……そういう思いからでした。

＊

［10月15日］十九日の「一晩親子」のことを伝える。「ちょっとせからしか娘だけど、よろしく！」と言うと、「だから、イヤだよ！　他の人にして…」と言われる。「ダメ！」と一喝‼　何が好きか尋《たず》ねると、「牛肉、タイの刺身」という返事（高い物ばっかし…）。「じゃ、焼き肉にしましょうね」と約束する。

＊

［10月19日／16時30分］食堂におられたので、ＡＤＬ室へ導く。入浴は「昨日入ったか

ら、もういいよ」と言われるので、散歩に誘う。近くの山愁焼きの窯元まで出向く。とても素晴らしい陶器に感激されている。夫人が出てこられ、いろいろ話をして下さる。高平さんも、昔されていたシラスの研究のことを、淡々と話される。セピア色の時が流れてゆく……。

夫人にお礼を述べ、窯元を後にする。

「ああ、よかった。いい物を見ると目の保養になる」と喜ばれる。

「帰りは上りになっているのできつい」と言われるので、ゆっくり歩く。途中で「食卓に飾りましょう！」と野辺の花を手折る。前方より我が老健の職員が勤務を終え駐車場へと歩いてくる。少し立ち話のあと、ツーショットのシャッターを押してもらう。

＊

［17時30分］当直者二人を客に迎え、さあ〝焼き肉大会〟（？）の始まりだ!! とてもにぎやかなディナーとなる。高平さんも楽しそうに、また、おいしそうにされている。給食のおかゆもほぼ全量食べられる。胃がもたれなければいいが、と少し心配になる。

「大丈夫だよ、肉は消化がいいから」とご本人は言われるが……。当直者が勤務についてからも二人でのんびりと食べる。毎日いそがしい食事なので、こうしてのんびり食べてもらう機会ができて、良かったと思う。他の方々にも味わってほしい!!

施設長が来られ、「二階まで焼き肉の匂いがするでぇ」と言われる。他の方々、匂いだけでゴメンなさーい!!

＊

［18時30分］夕食を終え、後片付けをする。「さあ、もう（自室へ）帰ろうかな」「まだ、将棋があるでしょう！」「ああ、そうだったね」一駒一駒時間をかけ、考える。二回対局し、二回とも私が勝つ。高平さん、まさか負けるとは思ってもいなかった様子。「もう、お尻が痛くなったよ。やめよう」と言われる。

＊

［20時］タンスの中を整理する。あまり乱れてはいない。焼き肉のタレが飛び散り、ジャンパーを汚しているので洗濯をする。

＊

［20時30分］睡眠薬を服用される。（眠剤を使用しないよう促すが、眠

れないと苛立《いらだ》つからと、頑として聞き入れない。「眠れなかったら、また将棋しましょう！」と言うと、「イヤだ、疲れた」。しばらく戦争当時の話をされる。

＊

［20時40分］「おやすみ」と自室へ戻られる。
［21時10分］訪室すると覚醒されている。「おやすみ」と告げ、部屋を出る。

＊

［23時30分］いびきをかいて良眠中。

＊

［1時］ドアが開き、「おはよう」と手を挙げられる。「オシッコだよ、済んだらまた寝る」。帰りにキーパーのお茶を飲まれる。「焼き肉のタレの味が濃かったから、喉が渇くよ。お休み」と自室へ戻られる。その時、このノートを書いている私に「あんた、当直だったの？」と。「なに言ってるの。一晩親子でしょうが！」「あっ、そう」

［5時］起きてこられ、トイレを済ますと、タバコを一本吸われる。「めったに食べない肉を食べたからもう便が出たよ」とご機嫌。「さあ、もうちょっと寝よう」と自室へ戻られる。「夕べは、食後にタバコ吸うの忘れたなぁ」と言われる。

＊

［6時30分］イヤホンを耳に当て、ラジオを聞いておられる。（ベッドの中で）「朝の散歩はしないよ」と言われる。

［6時45分］「また、便が出たよ！」と報告される。

＊

【感想】娘役を楽しく演じました。「山愁焼き」さんでも、シラスの研究のことを何度も繰り返し話されていました。夫人も静かに話を聞いて下さり、いい時間が過ごせたと思っています。会うたびに、私の名前を教えるのですが、いまだ覚えておられないのは故意なのか？　本当なのか？

「一晩親子」を楽しみにされていたというより、牛肉を待っておられたような気がします（!?）　高平さんが喜んで下さったのなら、どちらでも良かったかな！　叶《かな》うことなら、本当の娘さんや息子さんが来所して下さり、ともに過ごして欲しい……と思いました。

言葉はなくても心が通じ合う不思議

——松山さん（大正元年生まれ／介護度1）

老谷園子（看護婦）

今日の日を楽しみにしていたのは、実は私の方かも…。秋の収穫シーズンで稲おとしの日も近いが、幸い（?）二〜三日前に雨が降った。義父母に「土日は稲おとしはできるだろうか」と聞くと「できないだろう」との答え。すぐ親方（施設長）に十月二十日の「一晩親子」予約を申し出る。松山さんにも日程をお伝えすると、嬉しそうな顔をされる。「前もって施設長さんに聞いていた」とのこと。「実行委員長の私よりも先に知らせるとはどういうこと?」と親方に詰め寄ると、「喜ぶことは、はよう教えなあかん」。

私としては松山さんや家族が気を使うといけないので、気を使わせない方法をいろいろと考えていたが……。やはり松山さんはいろいろ気を使っていたのか、娘さんに箱入りのぶどうを準備させていた。人に気を使わせないようにすることは、とっても難しいことです。本人希望の刺身、寿司を買い出しに行く。

＊

［17時］二人で食べた刺身、寿司、とってもおいしかった。少し食べすぎ。約一時間く

らいペチャクチャと会話がはずむ。松山さんの話は、自慢の娘さんのことが中心であり、夫のことはあまり話さない。その間、いろいろな方が共同冷蔵庫を利用される。そのつど挨拶する。

＊

［18時30分］食べ残しの後片づけをして、これからが私の出番とばかりに一階へさそう。足裏マッサージを約一時間。ゆっくり時間をかけると、お互いにコミュニケーションが充分とれる。言葉はなくても心が触れ合っているような気がする。これが不思議。松山さんの足は靴下が食い込んですごく腫れていたが、マッサージが終わるころには、それもとれて「とても楽になりました」とのこと。

＊

［19時30分］昼に入浴は済んでいたので、バケツに足だけ入れる足浴で終了。私も入浴して、二人で三階へ戻った。

［20時］松山さんのベッドをテレビの前に移し、タタミ一畳を持ってきて布団を置き、私の寝床の準備もする。

＊

［21時］このとき他の入居者が急変し、当直医診療のあと点滴の指示があり、そちらの

仕事をしなければならなくなる。松山さんは不眠のようで、覚醒中。

［22時15分］ポータブルに排尿後、臥床《がしょう》する。

［23時30分］大いびきをかいて入眠中。

［0時30分］ポータブルに排尿中。またすぐ入眠。

［1時30分］ポータブルに排尿中。一時不眠のようす。体動激しい。腸蠕動《ぜんどう》大きく、グーグーと音がしている。

［3時］ベッド上でゴソゴソしている。

［4時30分］起床している。車椅子を動かして自室に戻っている。

＊

［5時］いつもの時間に起床しているので…と、睡眠が短時間のわりには元気!!　ベッドポータブルを自室へ戻す。

＊

［6時］昨日、急患応援のため時間がとれなかったので、松山さんとゆっくり会話をする。本人も大いに話したかったらしく、小さい声で次々と話された。

＊

とっても貴重な思い出をいっぱい話して下さり、大切にしていた実父や自分の娘時代の写真も見せて下さった。「一晩親子」の時間もあとわずか。私は、松山さんと一緒に過ごせたひとときに感謝をこめて、大好きなサトウハチローの詩を、心こめて朗読させていただいた。

この世の中で一番　美しい名前　それはおかあさん
この世の中で一番　やさしい心　それはおかあさん
おかあさん　おかあさん　悲しく　愉《たの》しく　また悲しく
なんども　くりかえす　ああ　おかあさん

＊

【感想】どんなに若いお母さんでも、どんなに年をとっていても、お母さんはお母さん。子供にとっては大切なお母さん。私のように白髪まじりになっても、子供にとっては大切なお母さん。少し疲れたけど、松山さんと過ごした一日は、決して忘れることのない、ありがたい一日でした。松山さんの娘さんにも、「ありがとうございました」とお礼を申し上げます。

いのちの花が咲いたね！

――斉藤さん（明治43年生まれ／介護度5）

横山美紀子（介護福祉士）

この「一晩親子」が始まると決まった時、すぐに斉藤さんを担当しよう！　と思った。斉藤さんは、私の祖母と一緒にゲートボールをしたり、祖母が看護婦だったころ診てもらっていたとのことで、私の知らない祖母を知っている。そんな斉藤さんと、最近ゆっくりすごすことがなかったので、ゆっくり一晩すごしたかった。

施設へ来る前から、何かわからないがドキドキし、斉藤さんが喜んでくれるだろうか？　と不安になりながら到着！　来てみると、斉藤さんのいつもの笑顔と「もぉ！明日じゃなかったとな～。うれしい！」との言葉にホッとする。

＊

［16時30分］まず車で一緒に買い物に行く。Aコープに着き、車イスで店内を見てまわる。ヨーグルトとプリンを手に持ち「どっちがいい?」との問いに、「こっちが食べてみたか！」とヨーグルトを選ばれた。

車の中で突然泣き出し、「ほんに良かった。こんなにしてもらって、もう死んでもよか」と話しだされる。「今夜は、何でも言ってね」と返す。「帰ったらお風呂に入ろうか」との問いに、「もう、良かとな～あたしは、遠慮して言いがならんとこじゃった」との言葉。すっごく喜ばれる。

＊

［17時／入浴］いつも忙しく慌ただしくしている入浴だが、今夜はゆっくりと介助する。「ゆっくりとあったまりたい」と希望あり。入浴後、両下肢の処置をする。処置中、斉藤さんを見ると、体があったまり気持ちが良かったのか、車イスに座ったまま眠っている。処置が済み、今夜の私たちのお部屋のＡＤＬ室へ行き、風呂上りのリンゴジュースを飲む。

＊

［18時／夕食］昨日「何か食べたいものがある？」と聞いたら、「鶏が食べたい」と言っていたので、空揚げとポテトサラダを作ってきた。一緒に夕食を食べる。空揚げを一口パクリ！「う～ん。ちったかて（ちょっとかたい）どんおいしい」と言って下さる。よかった……。買ってきたリンゴジュースを飲む。他の入所者たちも来られて、みんなで話をする。

＊

［18時50分］「みきこ……もうねびなった（眠くなった）」と言われるので、畳の上に布団を二つ並べる。「おはんもこけ寝っと！　うれしい！　今日は、うれしいことばっかりじゃ！」と喜ばれる。布団へ移す。

＊

［19時～20時］布団に横になり、一時間ほど話す。「今日おはんがいろんな物を買ってきてくれたように、あたいの嫁さんも買ってきてくれる。いつもやっでお金のしんぱいをすっと『そげな心配はせんでよか！』っち怒らるっど！　じゃっどん、ありがたいよ」と笑顔で話される。話している途中あくびを何度かされる。話し終えると、「天井を見て寝たい」と言われるので仰臥位《ぎょうがい》にする。「首が痛い」。クッションを枕の下に置く。「こまごとばっかり言ってごめんなぁ～」と言っておられたが、いびきをかいて眠られる。足背を痛がる。浮腫あり。

＊

［21時］オムツ交換。排尿なし。右側臥位にする。

［0時］オムツ交換。排尿あり。仰臥位にする。「みきこー！」と叫ぶ。「恐い夢を見た」とのこと。りんごジュースを飲む。「眠れなくなった」と言われるので、話をする。

「右肩が痛い」と訴えあり。マッサージをする。少しすると寝息が聞こえる。本人希望

で左側臥位にする。

＊

［0時10分］入眠。

［1時30分］体位交換する。「みきちゃーん」と呼ぶ。「体が痛い」とのこと。仰臥位にする。

［3時20分］体位交換する。右側臥位にする。

［4時20分］体位交換する。左側臥位にする。

［5時35分］「みきちゃーん。お腹が空いた。ジュースはもうなかった？」と言われる。0時に飲んだ残りのリンゴジュースを飲む。

［6時15分］「みきちゃーん。背中がいて〜！」。体位交換し、背中をマッサー

ジする。

＊

［6時45分］オムツ交換し、車椅子へ移乗する。洗顔し、リハビリ室を散歩。二階へ戻り、昨日一緒に買ってきたヨーグルトを食べる。「おいしい。冷たくて、ちょっとすっぱいけどおいしいなあ～」と笑顔あり。「夕べは、ごめんなぁ。あんたの邪魔をした」「何の邪魔をした？」「あんたが寝てるのを起こしたし、朝も早くからごめんなぁ～」と謝られる。

＊

［7時30分］朝食摂取する。

＊

［8時30分］事務所へ行き、職員とあいさつし話をする。部屋へ帰ってベッド臥床する。

「ありがとう。楽しかった。花が咲いたよ」

「えっ？」

「私は、花が咲いた。意味がわかる？　あのね……いのちの花が咲いたよ」

とってもうれしい言葉をもらいました。

＊

いつもゆっくりと話すことがなかなかできず、ゆっくり聞いてあげることもできなかった。そんな斉藤アキエさんと一晩過ごし、会話し、一緒に買い物に行ったり、一緒に寝たり……すっごく楽しかった。アキエさんも私と一緒に喜んでくれただろうか？　いつもは夜間一時間おきのナースコールはないが、昨夜は一時間おきに呼ばれていた。〝甘え〟もあるのかなあ～と思いながらも精いっぱい介護した。ただ、家に帰った時に家族が、毎晩一時間おきに起きるのは大変だなあ～と思った。お嫁さんも「本当は家で看たい。でも娘たちの反対もあり連れては帰れない」と言っておられた。私はその気持ちさえあれば十分だと思う。これからも、アキエさんだけではなく他の入所者にも「家族」として介助・介護していきたいと思う。

これからの介護の課題を考えさせられた

――吉川さん（大正2年生まれ／介護度3）
山口さん（大正8年生まれ／介護度3）

小濱ひさ子（看護婦）

私は今、老健を離れ、病院の婦長なので、久しぶりの泊りで何だか気分が落ちつかず、ソワソワ。15時30分、老健へ入る。さっそく二階の山口さんの部屋へ。私の顔をみるなり山口さんは、「施設長さんに言われていたけど、うそかと思った」と顔をくしゃくしゃにして喜ぶ。吉川さんもトイレから帰ってこられ、二人とも私が泊ることに半信半疑のようすだ。

「婦長さん、足が痛いのよね。まだ足のつけ根が腫れていて、大分よくなったほうだけど、足の裏が痛くてトイレに行くのが大変」と訴える。

包帯をはずして患部を診てみる。患部はブヨビヨしており化膿しているようすだ。明朝ちゃんと処置することを約束し、本日は入浴不可を納得してもらい、吉川さんだけに入浴を約束する。三人で部屋で話し込んでいると、介護員の横山さんが三人分の布団を介護室に準備してくれる。

吉川さんと山口さんに、今夜寝る場所としてＡＤＬ室へ案内すると「ここに寝られるかな……」と二人とも心配する。何年ぶりかで畳の上に敷いた布団で寝てもらえると思い説得すると、二人は不安げに納得する。

夕食の時間が近づいたため、いりこのだしをとり、味噌汁を作ってみる。さしみも買ってきた。本日のメニューは、老健食＋さしみに味噌汁、それに果物つき。二パックのさしみ（マグロにタイ）を三人で分ける。二人とも、久しぶりのさしみをうれしそうに食べる。

吉川さんはゆっくり味を確かめるように、山口さんは一気に食べてしまう。私の分をわけてあげると、それもきれいにたいらげてしまう。家族との何げない食卓を望んでいるのかも…と思うと胸がつまる。一時間ほどかけて食事をとる。

食後、時間をおいて吉川さんをいつもと違う家での入浴気分をと、家族風呂での入浴に挑戦してみた。全然ダメ。入口が車椅子を入れるには狭すぎて、手すりもない。脱衣所から浴室への段差、回転シャワー椅子もない。ないないづくしの入浴は大変だった。大失敗。

何とか自分もビッショリになりながら入浴を済ませることができたが、大変な思いをした。脊柱が湾曲しているため左側へ傾いてくる吉川さんを支えながらの入浴は大変苦労した。一般浴室での入浴は無理と判断する。仙骨部には褥創痕《じょくそう》がみられる。

＊

二人とも「日中は寝るより車椅子が一番いい」と言われる。なぜだろう。トイレのたびに起こしてもらうのが大変だから？　車椅子に慣れたから？

20時30分になったら、二人とも「安定剤を飲んで寝る」と言われるため、車椅子よりゆっくり布団へおろす。布団の上で寝返りをうつ練習、腰をあげる練習をしてみる。大丈夫、これでオムツ交換もできる。

＊

布団に川の字になって寝る。

山口さんの記憶の良いことに驚く。入所してお世話になった先生の名前やスタッフの名前を全部覚えている。この分だと、何月何日、誰が何を言ったかまで覚えているのでは……私の名前もフルネームで答えてくれた。山口さんの記憶の中に良いイメージでインプットされたいものだ。

＊

吉川さんも、子供さんや姑さんのことを話される。

二人に共通しているのは、とても気丈に人生を送ってこられたということだ。それだけに、倒れてしまって自分の生活を他人に委ねなければいけないことの残念さ、もどかしさがありありとうかがえる。ただ、黙って聞いてあげることしかできないが…。ただそれだけのことが、大きな力になるのかも。

あっという間の一泊であった。朝会後、山口さんの足をゆっくり一時間位かけて清拭処置をした。趾門から足趾にかけ汚れていること、汚れていること。ビックリ！たくさんの排膿もあった。必ず外科受診するように看護婦にお願いする。二人の手足の爪切り。二人分の車椅子を、きれいに風呂場で洗っておいた。

一人で、二人の介護をすることは可能だが、ゆっくり話を聞くという意味では失敗だったかも！　一人がしゃべると、もう一人が言葉をさえぎるようにしゃべり出す。それだけ人との対話を望んでいたことを実感する。

＊

【感想】痴呆度の高い入所者がますます増えるなか、抑制廃止が叫ばれているが、入所者の安全と精神的安定を両立させる介護はどうあるべきか、あらためて考えさせられる。介護ボランティアの積極的な受け入れ、家族と入所者との関わりの強化、そして介護と看護婦の専門性を生かし、入所者への対処方法をこれからも探り続けてほしいと思いました。

老健職員の皆さん、大変でしょうが、これからもより良い介護をめざして下さい。

かわいくて優しい「お母さん」

――吉留さん（明治36年生まれ／介護度2）

澤田由美（介護福祉士）

［16時20分］老健に到着。エレベータの所に吉留アキさんがいる。私の顔をみるなり「あっ、今日じゃったなぁ～」と笑顔で言われる。

「みそラーメンもってきたヨ！」と言うと、かなり喜ばれる。

［16時30分／布団準備］布団の準備をする。二人でＡＤＬ室まで、シーツや毛布を運ぶ。シーツを敷いたり、枕をカバーに入れるのを手伝って下さいました。「ココで寝るんじゃなぁ～」と少し不安そうな顔。「私も一緒だから大丈夫!!」と言うと、また笑顔に戻る。

＊

［16時45分／温泉］温泉に入りたいと言われる。最近調子が悪く、入っていいのか分からず、婦長さんに聞く。「今日は熱もないし、入ってもいいヨ」とＯＫサイン。さっそく温泉にＧＯ！　体を洗い、湯につかる。「こりゃー熱い」と大きな声で叫ばれる。髪は洗わないでイイとのことで、洗わず。着替えの時、「もう、こりゃ、良かった」と言

われる。「由美も入れば良かったのに…」とボソボソ言っておられた。ＡＤＬ室に戻り、持参したリンゴジュースを二人で飲む。うまかった。

＊

［17時30分／夕食準備］今日のメニューは、みそラーメン、とり刺し、老健の夕食。アキさんの指導のもと、ラーメン作り開始。なべに入れる水の量、めんのほぐし方、粉の量まで……いろいろとちょっと厳しいアキさんでした。ラーメンが出来上がると「おいしそう」と一言。目をパッチリ大きく開いて、ジ～ッとラーメンを見ているアキさんが、すっごく、すっごくかわいく見えました。

＊

［18時／夕食］もう一つ、アキさんの好きな、とり刺しを冷蔵庫から出して、二人で手を合わせて「いただきま～す」。ラーメン一人分を数分でパクリと食べる。ずっと「おいしい、おいしい」と言われる。みそラーメンについて、ず～っと語っておられる。「みそラーメンは、家に帰ったら、絶対食べる」とか、「味が好き」とか。とり刺しは、歯がないのに食べられるか心配だったけど、上手に食べてました。結局、老健の食事は手つかずに……。お腹一杯になり、二人して「ごちそうさまでした」。アキさんの満足そうな顔を見て、うれしかったです。

［18時40分／後片付け］二人協力して茶碗を洗う。百円ショップで買ったナベを見て「こりゃーよかナベじゃっ！」とジ～ッとみておられた。「これ百円だよ」と言うと、ビックリしていました。

＊

［19時／お話タイム］「ゆっくりしたい」とのことで、二人で布団にゴロ～ン。たくさんの話をして下さる。

(1)骨折した時の話……十二月八日に左足を骨折。痛いのも誰かにさわられてるのも、全然覚えてなくて、目をあけたらベッドの上だったそうです。それから老健に来た。

(2)指輪の話……「若い頃はつけてたなァー」と言われる。仕事（畑、田んぼ）で土をさわったりで、よごれるし、ジャマになるため、つけなくなったそうです。

(3)食べ物の話……「なんでみそラーメンが好き？」と聞くと、一言「おいしいから」とボソッと言われる。口に手をあて、なんか恥ずかしそうにしている。「私も、よく食べるヨ」と言うと「おはんも好きネェ～」と声を高くして笑っておられました。キライな食べ物は、キュウリ。畑で作っていたけど……キライみたい。好きな食べ物はイモ。よくイモ料理を作っていたとのこと。

(4)子供・孫の話……とても楽しそうにいろいろと教えて下さる。そんな話を聞くと、アキさんの優しさがよく分かりました。

＊

［20時20分／寝る準備］アキさんがズボンを脱ぎだし、ビックリ。「どうした?」と聞くと「そろそろ、寝らんなら」と言われる。アキさんが寝る準備をしている間に、トイレを準備する。そしたら「トレイもあっとなぁー。いけっどかい」と少し不安そう。アキさんの方を見ると、起き上がって、布団から起き上がる練習をしている。笑ってしまいました。すごく可愛くて。

残りのジュースを飲んで、トイレに行かれる。「由美ちゃんも寝る前はトイレに行くんだよ」と、小さい頃お母さんに言われた言葉。久しぶりに聞けて、うれしかったです。

＊

［21時／就寝］二人並んで布団へ。また少し話す。十五分位したら寝息が聞こえる。「おやすみなさい」ｚｚｚ……

＊

［21時30分～4時］夜間、何度かトイレに行かれる。起きるのは大変みたいだったので、手伝おうとしたら「おはんは寝ちょかんネ」と布団をかけてくださる。

［4時30分］起きておられる。「もう朝じゃっどがー」と寝ぼけた声で言われる。「まだ

時間じゃないから、もう少し寝ようか」と言うと、再度入眠される。

＊

［6時／起床］「おはよう」とアキさんが大きな声で、笑顔で言われる。慣れない部屋で眠れたかなぁーと心配だったが「久しぶりに、よう寝たなー」と言われたので、ホッとしました。

［6時10分／片付け］二人でシーツをはがし、布団の片付けをする。アキさんは自分の毛布をチャッチャッとたたんで、自分の車イスに乗せて、自室へもって行かれる。

＊

［6時30分］少しテレビを見る。アキさんは「こんな大きなテレビはいいなぁー、とても見やすい」と、ちょっと感激してるようす。画面に出てくる文字を読んでおられた。

［7時20分］他の人の食事介助のため、部屋で待っていてもらう。

＊

［7時55分／朝食］三階ＡＤＬ室にて朝食をとる。アキさんのごはんを半分いただく。ちょっと冷めていたから、おいしくなかった。でも海苔の佃煮はちょっとおいしかった。アキさんは、おかゆしか食べないので、「おかずは食べないの？」と聞くと、「あんま、おいしくないから」と一言。あらら－!?　厨房のみなさんゴメンナサイです。温かいと

おいしいです、ハイ。

＊

［8時30分／日なたボッコ］残りの時間、リハ室で話をする。アキさんは、ずっと笑顔。

「本当に楽しかった」その言葉を聞けてうれしかった。

＊

【感想】すごく楽しい一日をすごすことができました。吉留さんのかわいさ、優しさがよく分かりました。こんな人がお母さん、おばあちゃんだったらなぁ〜と思いました。たくさんの話を聞けてとてもよかったです。

散歩中にきいた忘れられない言葉
——鳥取さん（大正10年生まれ／介護度5）

宮永久子（介護福祉士）

（本人への報告）

「ツルさん、こんど私と二人で一晩過ごしてみない」というと「本当ですか、うれしい」と答えられた。私自身考えていることが沢山あったが、まず本人の希望を尋《たず》ねてからと思い、いろいろ質問してみたが、「何でもいいです。どっちでもいいです」という返答しかなかった。結局、私のしてあげたい介護かな？


（鳥取ツルさんを選んだ理由）

誰もが知っている通り、日常、目が離せず注意ばかり受けている鳥取ツルさん。

車椅子に移乗し自由にしていると、他者にするどい目つきで攻撃する。注意すると暴言で返す。ベッド臥床時は体動が激しく、なかなか寝ないで大声を飛ばす。食事は落ち着かず食事のとり方も荒く汚い……の毎日。何が原因か？　昔はこうじゃなかったはず。子供を育てた母親だ。優しさ、思いやりがきっとどこかにあるはずだ。が、今の鳥取さんの様子では激しさだけが目立ちすぎて、他者の目にもいい印象はない。鳥取さんのよい所を見てみたい。

＊

［16時30分／散歩・買い物］ベッドの前に立つと、ビックリした様子（私が制服を着ていなかったからかなぁ〜）。「ツルさん、今日は茶わん蒸しの日だよ」と言うと、「そうですか、楽しみです」と微笑《ほほえ》む。「湯どうふを作る予定だから、散歩がてらにスーパーまで買い物に行こうよ」と言うと「行きます」と笑顔が続く（いつもと違って穏やかに見えた）。

施設を出ると急な坂道ばかり。後向きの多いツルさんとは顔を見合わせることがないので、ときどき車椅子を止めて顔をのぞきこむと、ニッコリ微笑まれる。

Ａマートに着き、豆腐とポカリスエットと私のコーヒーを一本ずつ買う。ツルさんに現金を渡し、レジに出してもらう。係の人から「ありがとう」と言われ、「いいえ」と答えるツルさん。一緒に写真を撮る。そこに病院で働いていた西さんと出会う。「あら、宮永さん」と二人を見て不思議そうにしていた。車椅子でここまで降りてきたのにおどろき「宮永さん、強いね〜」。ツルさんを見て「良かったね」と声をかけてくれた。

スーパーを出るが、帰りが恐い（行きはよいよい、帰りは恐い♪♪）。五十メートル押した所で、四十代の私は息がフゥーフゥーと出る。思わずツルさんが「ごめんなさいね、大変だね」と、帰り着くまで優しく言ってくれた。おかげで私は頑張ることができた。キチイ～!!　誰がこんな所に施設を建てたぁ～。（クルマで行くことは、ツルさんが動くため事故を起こしたらと不安になった。でも、ドライブもしたかったなぁ～、外食も……。）町の温泉は、祭日で休みのため中止。

＊

［17時20分／夕食の準備］帰り着き、二人ともさっそくポカリをコップでゴクリと飲む。さっそく夕食の準備に取りかかる。本日のメニューは、湯豆腐、ポテトサラダ、施設のごはん、茶わん蒸し、松茸の吸い物（ミキサー食に近いメニュー）。下ごしらえは自分の家で全部してきた。わが家の食事より楽しんで作った。いつもは手ぬきばかり…。作っているうちにあれもこれも食べてもらいたくなって、数がどんどん増えてきた。

きざんだ椎茸を容器にスプーンで入れる係はツルさん。私が他の準備作業をしようとした時、スプーンを口元に持っていこうとする。危ないっ！　でも、いつも注意ばかりしているので我慢した。目の前に並んだごちそうを見ながらも、ツルさんは冷静に待ってくれた。感心、感心、感心。

［17時45分／食事　後片付け］一番先に手が出たのは茶わん蒸し。「おいしいです」と一言！　湯豆腐も二個ペロリ。次々と食べるが、施設のミキサー食には手が行かない。結

局半分。私が洗い物をした後、ツルさんがふきんで拭く。時々手を休めて。

［18時30分／臥床］疲れたのではと思って、車椅子からふとんへ臥床してもらう。

「楽しかった！　おいしかった！」とくり返す。

＊

［19時］なんと一人娘のまねごと中に、本当の娘が面会に来てしまった。ビックリ！

娘さんも一緒に話をする。

ツルさん、昔は良く話をする人だったこと。ご主人に大切にしてもらったこと。そして先日のカンファレンスのこと。日常のツルさんの様子をカンファレンスで話し合うことが、良いケアプランに結びついていくのだが、問題点のない人や少ない人ならともかく、ツルさんの場合は問題点が多いので、家族にとっては、なんだか親の悪口ばかり言われているような感じになることもあるようだ。娘さんには、ツルさんの母親としての印象が沢山あり、その優しさや温かさに見守られて育ったはず。いい気はしなかったかもなぁ〜。突然「家で私が介護するべきですが、本当に迷惑ばかりかけてすみません」と言われて、申し訳ないような気がした。

話が暗くなったために、三人でバルン入れの袋を作ることにした。準備しておいたヒモで、ツルさん親子に三つ編みを作ってもらう。私は、袋の布を車椅子に合わせて切り、縫う。

＊

［20時20分］遅くなったので、娘さんは帰ることになった。自室に戻ると「寝かせて下さい」と言われる。となりのベッドがあいていたので、ベッドをくっつけて寝る準備をし、タンスの上を整理する。タンスの中はいつも娘さんが片付けているのできれい。眠前薬服用せず。

寝るかなぁ？？？？　どうも寝そうな感じがないのでオムツ交換して、となりで見守ることにしたが、私が退屈!!

少し部屋を離れると、さっそく「オーイ」「オーイ」と大声がする。再度訪室し、椅子を持ってきて、薄暗いなかで横に座り、安心して寝てもらうため布団を軽くトントンとたたき続けるも、私を見ては目を閉じ……をくり返す。離れると思って不安なのかなぁ。

尿パック入れの袋を、暗いなか針で縫うことにした。灯りがほしい、糸を通しにくい。まだ老眼でなくてよかった。おかげで袋が完成。

水分を飲用した後、寝ているようだったのでその場を立ち車椅子に袋をつけてみる。我ながら上出来、ヤッタ～。これで少しは尿パックが見えない。

＊

［23時］訪室すると、まだ寝ていない。あれぇ～、やはり睡眠薬必要かなぁ～。今日はダメ！　となりのベッドに寝ることにした。何度も私の方を見ては目を閉じる、のくり返しがあり、「一緒に寝た方がよい」とツルさんが言うので、オムツ交換を先に済ませる。今日は排便ばかりだ。沢山食べさせた罪人は私だ!!　健康で、いいことだけど…。

＊

［0時／入眠］一緒にベッドに寝て、手を握って安心してもらった。すぐにツルさんの口がプープーと鳴り始めた。寝た様子だ。淋しがりやなのかなぁ、本当は。

＊

［4時］せまいベッドで二人で寝ると、腰や腕が痛くてかなわない。そのため目が覚めて手を放すと、ツルさんも目を覚ましてしまった。「どこに行くの」と言われる。ちょうどよかった。「トイレに行ってくるね」と言って、十分ほど身体の痛みがとれるまで運動する。だるい。

［4時10分］戻ると、ツルさんは起きて待っていた。再度ベッドで寝るとすぐにプープーと寝る。ツルさんのためだ。身体は痛いが、朝まで我慢しようと覚悟を決めた。

［6時］苦労して少しずつベッドから抜け出す。キツかった～。

＊

［6時30分／起床］起床し、タオルで顔を拭き、オムツ交換する。さっそく手作りの袋にバルンパックを入れてみる。下がらないようにきつくしたので少し入れにくいかなぁ。

いつも誰となく攻撃している人たちに、お礼とお詫びの気持ちをこめ、ツルさんから蒸しタオルを手渡してもらうことにした。一人一人、顔を拭き終わったタオルをかごの中へ入れていくとき、「ありがとう」と、言う人も言われるツルさんもうれしそう。よかった、気持ちが伝わって。「あれ？　めずらしいことがあっとじゃなあ〜、優しいじゃなあ」と言う人もいる。「ツルちゃんは優しいんじゃいよ本当は。なぁツルさん！」と和やかな雰囲気。

＊

［7時10分］すぐに朝食の準備をしないと間に合わない。あと20分しかない。三階のADL室に直行だ〜！　ええと、朝のメニューは、パンプキンスープ、おろしりんご、ミキサーの飯、スクランブルエッグ、洋梨のゼリー。ツルさんにはりんごをおろしてもらっていたが、手を止めるので間に合わず、結局私がおろしてしまった。お膳にスプーンを置く係に替わってもらった。ついでに昨夜食べなかったサツマイモ茶きんチリも乗せて、二階に降りる。間に合った。

［7時30分］配膳をしている時も廊下から食堂に入ろうと近づいてくる。「待っていてね」と言うと、うなずいて立ち止まる。激しさなどなかった。時間がたって、卵が少し堅《かた》くなったので、スプーンでたたいて口に入れる。一度っきりかもしれない私の手作りの料理を介助で食べてもらおう。どうしても卵が口でコロコロするのか、少し残るつぶを手で出す。スープはOK。茶きんチリは裏ごししたため口当りがよいのか、ペロリ。口腔ケアを済ませ、後片付けにADL室へ。

＊

［8時20分］洗ったお茶わんを拭いてもらった。流しの残飯と使ったお茶わんをお膳にのせて、一階の食堂へ持って行きお願いする。自室へ戻りオムツ交換する。ベッドを元の位置に直す。ベッドメーキングに来た職員が「ツルさん、よかったね」と話しかけると「楽しかったです。よかった」「何を食べたの？　昨夜は」「………」。私が「買い物にも行ったのよ。何を買ったっけ？」と問いかけると、「かぼちゃ」。「昨夜何を食べたっけ」「湯どうふ。とうふを買いに行った」。「ごちそうだったね」。「楽しかったです」とツルさんは何度もくり返す。笑顔で！

少しカルテを書き始めると「先生ー」と呼ぶ。今までに「先生」と呼ばれたことがなかった。戻って「また来るからね」と伝えて帰る。落ち着いたのか、その後は声がない。

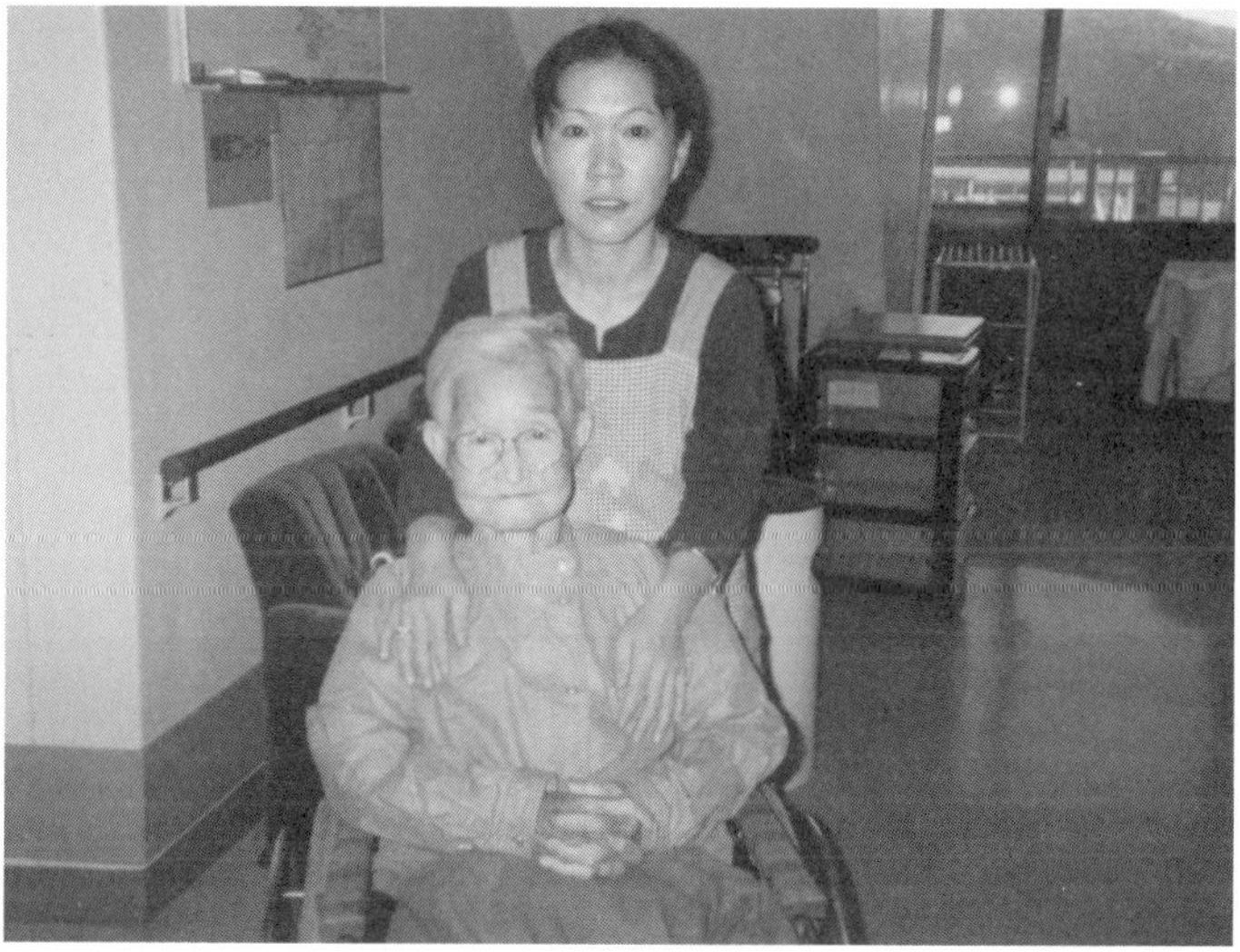

こんな人こそ家庭でゆっくり介護する方が向いているのかもしれない、と思いつつ帰る……。無理だと分かっていてもそう思えてならない。

＊

【感想】（気づいたこと）

今までに介護をしていて胸に詰めていたことを、少しはできたように思える（「一晩親子」の経験者は皆同じでは？）。

(1)安心感を与える
(2)時間を気にせずゆっくり
(3)すぐに対応できる場所に常にいる

――こんな介護、ずっとできればいいなぁ〜。

じっくりと一人の入所者と過ごすことにより、ふだん発見できないことも沢山あった。

激しい姿しか見せなかったツルさんの中にも、優しさ、思いやり、甘えん坊などかわいいところがあり、そのままの姿であってほしいと思った。毎日ゆとりのない介護で本来の姿を変えているのではないのかと、思わずグ~ッと考えてしまった。

数え歌をうたう時のツルさんの笑顔は、まるでエンゼルみたいです。これが「本当の姿」なのかもしれない。そして何度も言ってくれた「ありがとう」の言葉、忘れません。坂道で車椅子を押す私にかけてくれた「ごめんなさいね、大変だね」の思いやりの言葉に、ツルさんの優しさを知りました。いつか笑顔で暮らせるよう、私たち頑張るからね。ゆるして、ツルさん!

これからも「喜びの顔」を見続けたい！

――若松さん（大正9年まれ／介護度5）

目串明美（看護婦）

だんだん寒くなり本格的な冬になってきた。そこで私は、入所者の若松スエノさんの娘になり、今晩は一緒に過ごそうと準備をしてきた。老健に到着し二階へ行くと、婦長さんが「今日は、もう少しでお風呂に入れてしまうところで、危機一髪だった」と言う。私は「よかった！　今日は私が入れる予定でいた」と心の中で思い、看護婦が「若松さんは、発熱もなく特に変わりないよ」と教えてくれる。まずは、体調はＯＫで私も安心。

さて、本人の部屋へ声をかけにいく。「若松さ～ん！」と呼ぶと、とてもニコニコした顔で、私の顔がみえた瞬間「は～い！」と返事。「今日は、今晩はず～っと一緒に楽しく過ごそうネ～」と伝えると、「本当ネ。うれしい～よ！　♪お～てうれしい若～松～サマよ♪」と、今日初の歌を大きな声で歌っている。スエノさんの腕にしっかりと人形の孫（若松ぺん子）がいる。とっても気に入っていて何度も話しかけていた。ではこれから〝三人〟で楽しくいろいろな話をして過ごそうと、ＡＤＬ室へレッツゴー！

＊

［16時30分］本当は、外に出て散歩をしたかったけれど、あいにく今日は寒くて小雨が降ってきて、スエノさんも風邪気味のため、予定を変更して、お風呂の時間にする。事務所で鍵をかりて、男風呂で入浴する。ふだんは温泉で沢山の人数で入っているが、今日は貸し切り状態。「ここは、すごく広くて、私にはもったいないがね～」と言われる。「たまには、貸し切ってゆっくり周りも考えず入ればよかど～」と伝えると「たまには、いいか！」と言う。背中をこする時は気持ちがよいらしく、またまた歌が出てくる。「♪いい気持ち若～松サマよ♪　こんなにゆっくり入った風呂は、久々だ～よ」と浴槽につかっている。ポカポカになり、自力で浴槽から出てこられる。「ばあちゃんは足が痛いよ～」と言う。衣服を着用する際も自分ですると言われ、上着をきて、ズボンのみ娘があげる。ズボンをあげる時、「イチ・ニの・サン～！」と自分で声をかけて手すりをにぎり、立っている。

＊

［17時40分］風呂からあがり、すこしハリキリすぎて少々元気のない様子だが、水分補給のため、アクエリアスのボトルをもってきた。コップで一杯半ぐらい飲用する。「あ～、おいしいヨ。とっても飲みやすくてありがとう」と言われる（一気飲みしていたよ）。「おなかがすいてきた？」と聞くと、「そうね。すこしおなかもすいてきた。晩ごはん

はあるの？」と心配されている。「大丈夫だよ。準備しているよ」と伝えると喜んでおられる。

前日のうちに食べたい物を聞いておいた。本人の希望通りのものを本日もってきた。メニューは、お寿司。すると久しぶりにみた様子で、手づかみでたまごを食べ始める。大きな口をあけておいしそうにほおばっておられた。三種類ほど食べ終わると「あ～、おいしかった」と言われる。お寿司を食べ終わると、車椅子に乗ったままウトウトされる。「もう眠たいですか？」と聞くと「ちーとな」と言われる。

＊

［20時］食後の口腔ケアも自分で行い、うがいをされている。

「今日はどこに眠るの？」と娘に聞く。「今日はここの部屋で私と、布団を二つ敷いて一緒に寝るんだよ」と答える。「本当！　まあーうれしい。ペン子ちゃん！　今日はおまえも一緒に三人で仲よく横に並んで眠るんだよ」とすごい笑顔で人形に語りかけられ、「まこと今日はよか日じゃ」と。布団は一緒に敷けなくて残念だったけど、娘が敷く姿をずっと見ておられた。夜間にノドがかわいた時にそなえ、ラクのみにポカリスエットを準備する。

＊

［20時30分］ オムツを交換し、横になる。「今日どっさい、よかもん食べたでたくさん出るよ」。「いいよ。たくさん出してネ」と言ったら、笑っておられた。

横になってしばらく話をしていた。「今日は、どっさい食べて、どっさい飲んで、床もとってもらい、本当にうれしい」と何回も言われる。「こげなよかとこはね～ど」。ペン子ちゃんを抱いて、ずっと話をしていた。

＊

［21時］「もう、ばあちゃんな、ねびで、ねってでなあ～！　おやすみ」と言われる。私も「おやすみ」と言い入眠する。ｚｚｚ……

＊

［21時30分］ すこし咳をされ、目がさめていた。「どうしたの？」と聞くと、「水を飲もかい」と言われポカリスエットを飲用す。しかし、咳嗽《がいそう》がしだいにひどくなる。

［22時］ 顔が少し赤くなり、きつそうだったため、イソジンガーグルでうがいをしてもらい、本人分のプラコデ（咳止め）を20㎖服用。ふだんはベッドでアップできるが、本日は畳上の布団だったため、余りの敷布団を上半身の下において、角度をつけて側臥位する。すると、咳嗽は三十分後おさまり、入眠し、いびきが聞こえる。

［0時］ オムツ交換。体を動かすと目をさます。「おまえか？　ばあちゃんを見っくれて

ありがとうな！」と言われる。ポカリ飲用し、再度入眠する。

［3時］入眠中。zzz……

＊

［6時］「おはよう」と若松さんの声。私も「おはよう～！」。「今日はさびしねかった」と言われる。「まだ寝ってよかや」。「いいよ」。まだ眠いらしい。

［7時］安心して寝ておられる。zzz……夢みているのかナ？

［7時25分］本人寝ておられたので、娘はとりあえず二階へ。

＊

［8時］心配になり早めにあがる。部屋に行くとまだ寝ておられた。「朝だよ！　8時だよ」。

「えッ、そうな時間ね」とビックリしておられる。洗顔を済ませ、朝食を一緒にとる。私はパン食、すると「おいにも少し食べさせて」と言い、食パンを一枚の半分摂取。

「おいしいでした」と言われる。

［8時40分］布団をたたみ、片付ける。車椅子にふだんも乗っておられるが、今の時期は寒いので、娘より膝かけをプレゼント。うれし涙ですごく喜んでおられる。

【感想】若松さんは笑顔のすてきな方ですが、この日は特別に、ふだんは見られない表情が見られた。特に寝る前などは、いつものさびしそうな表情はなく喜んでおられた。職員が毎日声をかけて、これからも若松さんの喜んでいる姿が見られるように接していきたい。

優しく励ましてくれた「お母さん」

――向井さん（昭和2年生まれ／介護度1）

山本マリ子（介護福祉士）

私が向井さんの「一晩親子」をするきっかけになったのは、「一晩親子」が始まった頃、向井さんが私に「あんたは誰をするの」と聞いてきたこと。私は「まだ決めてない」と言うと…「私は、あんたでよかど」「私でいいの？」…という会話で、向井さんに決定する。

＊

［16時20分］老健に着き、向井さんの部屋に行くと、外出する準備万端で私を待っていました。私の顔を見るなり、「もうAコープに行く!!」と言われる。すると、宮原さん酒匂さん、松山さんと次々にやってきて、あれこれと買い物を頼まれる。朝からAコープに行くことを、まわりのみんなに言っていたようでした。

［16時40分］明日はクリスマス！　何日も前から考えて考えて、手袋をプレゼントすることに決めていた。色は水色が好きだと聞いていたので、すぐに選ぶことが出来た。本人に手渡すと、少しビックリした様子。プレゼントをあけると、「好き！　好き！　こ

る。ういう色好き！」と喜んで下さった。さっそく、その手袋をはめて、Ａコープへ出発す

＊

［17時］Ａコープに着く。向井さんは、鳥のさしみと巻きずしが食べたいと言われるので買う。その他にも色々すすめるが、向井さんは病気を気にしてか、「私はいいから、あんたが食べたい物を買いなさい」と言われる。「イチゴぐらいは大丈夫だから、一緒に食べよう」と言って買う。頼まれた買い物まで入れて、二袋いっぱいになって老健へ戻る。

＊

［18時］「お風呂に入る？」と聞くと、「昨日入ったから今日はいい」と言われる。二日続けて入ると、具合が悪くなるようです。夕食をとることにする。夕食中は、ずっとご主人の話をされる。牧園の家のこと、ご主人の仕事のことなど、話が途切れることはなかった。巻きずし四切れと、鳥のさしみ全部を一人でペロッと食べられる。

＊

［19時］布団をＡＤＬ室に運ぶ。向井さんはパジャマに着がえ、歯みがきなどされる。その後、ご主人に電話をされたが、「いない」と言ってこんどは息子さんの所にかけな

おすとご主人がいらっしゃって安心される。息子さんに、今日のことを話されていた。ＡＤＬ室にて、コミュニケーションをとる。若い頃のことを、たくさん話して下さる。胸の病気をされた時、子供を堕《おろ》そうと何度も思ったそうです。でも、産んでよかったと言われる。私にも「がんばんなさいね」と、やさしく言葉をかけて下さる。うれしかった。

＊

［20時15分］いつも指体操をすると言われるので、一緒に指体操をする。

＊

［20時45分］トイレに行き、小パットをあてる。「もう寝るわ」と言われ布団に

入る。目覚ましを6時にセットする。いつもは21時30分～22時頃に寝ると言っていたのに、今日は少し疲れたのか、すぐに入眠される。部屋の電気を消すと真暗になってしまうので、足元が見えやすいように、トイレの電気はつけたまま寝ることにした。

［23時］トイレに起きられる。トイレから戻ってきて、布団の横に座り、服を脱ぎ始められた。「どうした?」と声をかけると、「暑かった」と言って肌着を一枚脱いで、また入眠される。

［1時20分］トイレに起きられる。いつもはポータブルなのでトイレまで少し距離があるため、転倒しないかすごく心配だった。ドキドキしながら見守っていた。

［2時30分］ときどき咳をされていたので心配したが、良眠されていたので声はかけずに様子をみる。

＊

［6時］目覚ましが鳴るも、向井さんはビクともせず良眠していたので、もう少し休んでもらうことにした。20分後に目を覚まし、トイレに行かれる。

［6時30分］着がえをして整容し、バイタルチェックする。今日も気分は良いとのこと。一緒に二階へ降りてインシュリンを接種する。

＊

［8時10分］朝食摂取する。その後、つめを切ったり、話をしたりする。昨日買ってきたイチゴを一緒に食べる。

＊

【感想】この日がくるまで、すごく心配だった。私に何が出来るのかなって。でも向井さんの表情が私を安心させてくれた。いつもは、少しきびしい表情や言葉が出るが、今日は一日ニコニコ笑顔だった。私の両親と年が変わらないため、母親のようでもあった。私も五月には母親になります。向井さんのように強い人間になりたいと思った。最後に「お世辞じゃなく、本当にうれしかった」と私に言って下さった言葉、私も本当にうれしかったし忘れないと思う。

「本当に楽しかった」と言われホッとした
——荻さん（昭和8年生まれ／介護度1）

西森智代（介護福祉士）

「一晩親子」のことを荻さんに報告する。「私と一緒に一晩泊まることになったよ」と言うと、「誰がするの?」との返事。「私とするんだよ」と言うと「本当? うれしい」と一言。年末だったこともあり、荻さんはリハビリに励んでいた。「正月は家に帰るから、少しでも妹に迷惑をかけないよう、歩けるようにしておかないと…」と。

＊

［16時15分］老健到着。荻さんの部屋へと直行。「もう着いたの? 早かったねえ」と言う。荻さんはベッドの周囲をきれいに片付け、持ち出し準備ＯＫ! 「里さんにベッドを運んでもらうように言っておいたからね」。「もう言ったの?」娘はちょっとびっくり!入浴の声かけするも、「風邪気味だから」で中止とする。

入浴するはずだった時間をベッド移動の時間に。ＡＤＬ室の前にベッドを運んだものの「そのままでは入らないよ」と荻さん。私もためしてみるが、やっぱり無理だった。仕方がないので、応援が来るまでポット、きゅうすなど、小物をＡＤＬ室へ運ぶ。

この時点から荻さんの頭の中は、テレビ番組のことでいっぱいのようだった。日頃から、新聞をとって他の入所者に「今日は何時から○○があってゲストは○○だよ」と教えているぐらいだから。この日は、年末だったので「ちゅらさん」の総集編がある日で、最初から会話の中に出てきていた。

＊

［16時45分］しばらく雑談する。お互いの顔を見合わせ「よろしくお願いします」のあいさつをする。荻さんは私の顔を見て微笑む。「なんでそんなに笑うの？」。「ともちゃんと泊まれるのがうれしくて。なんだか親しみを感じるのよぉ」との言葉。素直にうれしい。

＊

［17時］娘一人で一階事務所へ降り、ベッドを運んでもらうように話をする。あいにく里さん不在。前田さんと内村さんに頼んで、ベッドを入れてもらう。重いベッドを解体し、けっこう大変だった。これで今夜の荻さんの寝床は整った。一段落。

＊

［17時10分］ＡＤＬ室に二人とも入る。やかんでお湯を沸かし、ポットへ移しかえる。その間、Ｍさん、Ｓさんなど、普段ＡＤＬ室を利用している方が次々に訪室され、「今

日は一緒に泊まるのね」と羨《うらや》ましそうに話され、帰って行かれる。

＊

［17時30分］夕食タイム。その前に写真撮影。「写真をとるよ」に、「入れ歯をいれないと…」の返事。（一枚パシャ☆）写真をとり終え、やっと夕食。事前に荻さんに「何か食べたいものはない？」と聞いていたが、「特に食べたいものはないけど、あんたの好きなものをもっておいでよ」と言われた。考えた末にお寿司を買っておいた。「お寿司（巻き寿司）を買ってきたから一緒に食べよう」。「うん！」とは言ったものの……。

荻さんが湯のみにお茶を注いでくれた。お茶好きの私は、喜んでお茶をいただいた。買ってきた寿司を食べようと、荻さんに一つ渡す。しかし入れ歯をいれていない荻さんは、海苔を噛み切れずに結局、半分でギブアップだったらしく残していた。

「何かきらいな食べ物はあるの？」「ほとんどないけど、あえて一つと言われると、ニンジンかな」「私も昔はきらいだったけど、食べられるようになったよ」「私は茶わん蒸しがあまり好きではなかったけど、最近は好きになって昨日も食べてきた」などと、さまざまな話題で会話が途切れることなく笑顔も絶えない。

夕食をとり終えた後も、荻さんのおなかが「グルグル～」と鳴り続ける。「どうしてそんなにおなかが鳴るの？」「おやつにイモの天ぷらが出て食べたからねぇ」と一言。

「そうだったんだ。じゃ、お通じがよくなるかもねえ」と冗談まじりに言ってみた。

＊

［18時15分］夕食の後片付けをする。お皿を二人で協力して重ねて片付けたところで、一階食堂まで下げ膳しに行く。荻さんは部屋で留守番。

＊

［18時30分］荻さん、洋服からパジャマへのお着がえタイム。いつもしているからか、手際よく着がえている（私の手伝う余地なし！）。カライモ食べているからか、動くたびにオナラを連発（自分で笑っている）。ここでも「ちゅらさん」の話あり。午後7時30分からのテレビ放映を楽しみにしている。「奥の談話室へ見に行こうね」と荻さん。「うん！　楽しみだね。ちゅらさんは何時ぐらいまであるの？」と聞くと、「8時45分まで」と正確な時間を即答！　〝もしかして、テレビ欄を全部暗記していたりして……〟と、私の勝手な思い込み？

＊

［18時45分］少し時間があるので、廊下にて他の入所者と話をしたあと、散歩する。しばらくして二人でＡＤＬ室に戻り、荻さんがいつも飲用していると聞いたので買ってきた牛乳を手渡す。ゴクゴク飲んでいる。その間に自分の寝床を作っておく。

＊

［19時30分〜21時］談話室に移動。いよいよ「ちゅらさん」のテレビ鑑賞スタート！放映中、まるで映画館にいるかのように一言も発することなく、画面に見入っておられる。

＊

［21時10分］トイレを済ませ、荻さんが戻ってこられる。「いつもはベッドに横になってテレビを見ているから、今日は疲れた」と言われながら、入眠される。私も洗面などをすませ、寝る準備に入る。布団に入り、入眠する（いつもはまだ起きている時間なので、なかなか寝つけなかった私…）。

＊

［3時］良眠中。ｚｚｚ……　荻さんは一度も起きられず。

＊

［5時］いつものように起床され、ポットのお湯をくみに行かれた。私を起こさないように、静かに動いておられる。暗いのに電気もつけず、私に気を使ってくれたのかなあ？

［6時］私も起床し、洗面を済ませる。しばらくすると荻さんが戻ってこられた。テー

ブルに座り、昨日買ってきていたバニラヨーグルトとパンケーキを一つずつ食べる。二人ともきれいに食べ終えた。「残ったパンケーキは荻さんにあげるから」。「本当。うれしい、ありがとう」と受け取ってもらった（買ってきてよかったと、ひと安心）。荻さんがココアを作ってくれた。とてもおいしい。「今日は緊張してオナラも出なかった」と笑って話される。

＊

［6時30分］「今から他の入所者にお茶を配ってこないといけないの」と言いながら部屋を出ていかれる。少し片付けをする。

＊

［7時］廊下を散歩に行く。外が明るければ、高千穂をバックに写真をとるつもりだったが、あいにくまだ暗かった。今が夏だったら…とつくづく思う。

［7時30分］二階の他の人の朝食介助に降りる。「朝食はあとで一緒に」ということで了解済みだった。三十分ほど一階を手伝い、ＡＤＬ室へ戻る。私を待っているあいだに着がえておられた。

＊

［8時］いよいよ朝食タイム。まずは、二人顔を見合わせて「おはよう」のあいさつ。私は食パン、荻さんは出てきた朝食をとる。「無事に終わってよかったね」と私が言う

と、「本当に楽しかった、ありがとう」との言葉が返ってきた。私もホッとひと安心。

［8時30分］朝食の後片付けをする。食器を下膳する。その後、ベッド上の片付けを始める。運びやすいように、布団をはずしておく。いつADL室から出してもOK！

＊

［8時50分］本日入浴日だったので二人で風呂準備をする。荻さんに言われたものをバッグに入れる。「ありがとうね、お世話になりました」と、エレベーターの前まで一緒に行き、荻さんは一階リハ室へと降りて行かれた。今回の「一晩親子」終了。

＊

【感想】この「一晩親子」が始まってから、四カ月。自分の番はいつなのかと思いながらやっと順番が回ってきました。最初はとても不安で「どうやって一晩すごそうかな」とずっと考えていました。しかし、荻さんに前もって「一晩親子」の報告をした時のあの笑顔を見た時、何だか肩の荷がおりたような気がしました。そして当日、荻さんの顔から、笑顔が消えることはありませんでした。私もすごくうれしかったです。私は、荻さんと一晩過ごせてよかったと思います。これからも、入所者一人一人のたくさんの笑顔に励まされつつ、がんばっていきたいと思います。また、入所者一人一人の笑顔が見られるような介護をしていきたいと思います。

病室ではない空間で〝主〟になってもらう

――重久さん（大正4年生まれ／介護度5）

永里裕子（介護員）

いつもより少々早めに家を出ると、とても天気が良くて、暖かった。なんだか少し損をしたような気分になる。日中ならクルマで重久さんと見晴らしのいい高台（私がよく訪れる神話の里）あたりから、高千穂や眼下に広がる大パノラマでもながめれば、素晴らしかったかも……と思ったからだった。

＊

いろいろ買い物をしていたら、いつもの時間だった。着いてすぐ重久さんと話をする。「とても暖かいから、散歩でもしましょうか？」。でも、腰と足が痛いとのこと。起きるのもおっくうな風だったので中止…。

和室に前日ほこりをかぶり押し入れにあったテーブルを出しておいた。テーブルクロスを掛け、花を飾った。どんなことが喜んでもらえるだろうかといろいろ考えたが、自分に置き換えると、自分を癒せるものといえば、花、お茶とデザート、そして音楽だから、家からＣＤプレーヤーとＣＤを担いできた。

私がなぜ重久さんをと思ったかは、重久さんは何となく私の大好きなミュージシャン矢沢永吉に似ているからだ。――と、動機は不純である。だけど、私なりにいろいろ考えた私なりのことしか出来ない。私なりに。

＊

食事はミキサー食であることから、料理は得意でない私は、自分の好みも手伝ってケーキを買ってくることにした。特注で、サンド部分のフルーツは除いてもらい、デコレーションはフルーツのみでホールで買ってきた。ミキサーするには手動式チョッパーと百円均一のすり鉢を持ってきた。どでかいスポーツバッグいっぱいの荷物とケーキの箱を下げての出勤だった。

いろいろ話をするつもりだが、話の続かない時のことを考えBGMに選んだのは、私がリラックスするとき聴いている、エンヤと平井堅。自分のことのほうが心配だった。四人の方の協力で和室にベッドを運んだ。部屋が見違えた。「これからここで家族が泊まって一緒に過ごせる」と言って喜んでもらえた。うれしかった。

＊

何もかも整い、重久さんが部屋に来られた。広い窓から山々が見えた。なぜここに来たのか心配されたので、「一晩親子」の主旨を話す。前もって話していたけど、説明不足だったかな？

体がだるいのか、ベッドに座ると言われ、臥床される。重久さんはよくタオルを顔にかけている。まぶしいのが嫌いかと思い、「カーテンを閉めようか？」とたずねると、「閉めてよか」と言われる。「山は見らんでよか」と少し笑って言われる。なるほど、山々は見慣れている。私も気づき、「まだ、海が見えればよかったね」と返事する。ドライヴして高千穂をながめに行かなくてよかったと内心思う。おなかが空かないかたずねるが、「まだ食べなくてよか」と言われる。テーブルにお茶（ノンカフェイン）を準備して、ケーキを出した。カップは四つある。TさんとKさんとAさんを呼んだ。

＊

重久さんは、この客人に一家の主のように心づかいをされた。座敷で正座されているので、しきりに椅子をすすめられた。お茶とケーキを「どうぞどうぞ」とすすめられた。「お客さんがいっぱいで、お正月みたいだね」と言ってみた。笑っておられた。「これからは、お孫さんにここに泊まってもらえばいいね」と言うと、「忙しいから…」と言葉を切って、「仕事を持っていれば無理でしょう」とはっきり言われた。私くらいの年のお孫さんがいっぱいいるそうだ。

「一晩親子」で何が出来るか不安だったが、私が考えたのは、病室じゃない空間で重久さんが〝主〟になって過ごしてほしいということ。重久さんには、山とか大地とか、何かそんなものに通じる強さを感じる。正月に外泊しなかった重久さんには、お客さんを招いてワイワイガヤガヤを味わってもらいたかった。みんなでお茶を飲んでいる時、Tさんが、「二人は親子なの？」と聞かれた。重久さんは答えた、「一晩だけなー」

＊

お客様が帰り、遅い夕食を摂られた。まずケーキを一切れ「おいしい」と食べられた。あと副食もすすめると「これもおいしい」と食べられた。その後、ケーキを少し食べられた。しばらくして、「トイレに行こごちゃ」と言いながら、もう上体を起こしておられる。重久さんは何でも自力でされる。情に負けそうになるが、介助はいつも通りを心がけた。トイレの後、少し廊下を車椅子をこいで進まれた。私は横をゆっくりついていく。和室の入口のスロープも最後まで自力で頑張り、私は後から少し支えるだけだった。

＊

消灯になり、周りも静かになり、体の向きを時々変え、そのつど「何時？」と聞かれた。午後11時がすぎ、痛み止めの座薬を使用できるので、血圧を測定している最中、大イビキをかかれて入眠された。座薬は使用せず。ずっとイビキが聞こえる。私もウトウトする。その後、重久さんはずっと眠られる。午前5時ごろ目を覚まされ、「座薬を入

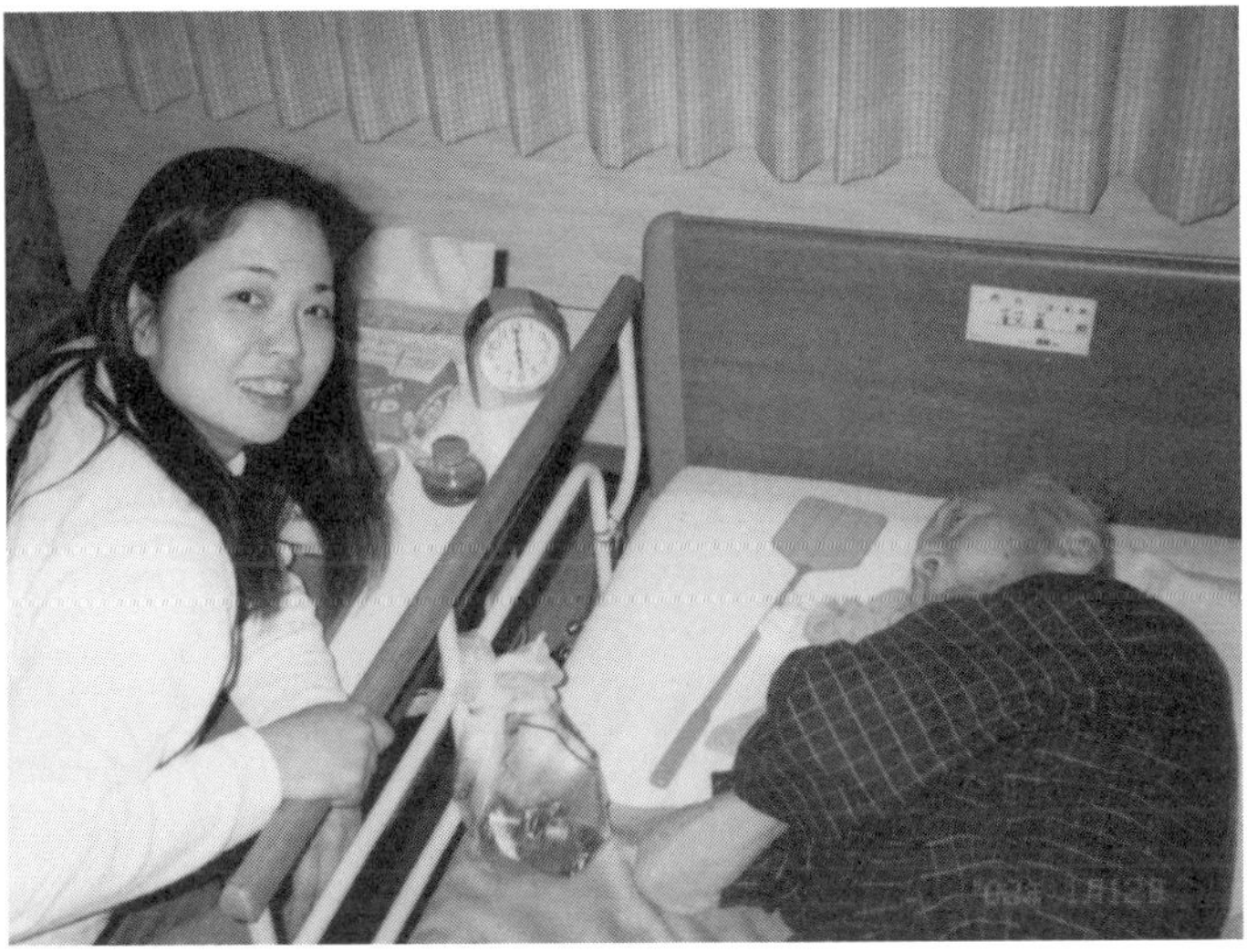

れたっけ？」と言われる。こうこうだったよ、と話すと、「痛くなった」とのことで、座薬を使用する。その後すぐ、また眠られる。

7時にしっかり目覚められ、「夕べすぐ横に寝てたね？　夢かな」と言われていた。1時をまわった頃、重久さんのイビキに安心して、私も眠っていて、もしかしたら、私のイビキが大きすぎて、すぐそばにいるように思えたのかも……（ヤバイ）。

＊

消灯のころ「あんたはどこで寝るの？」と心配され、「あのソファ」と指さすと、「それはよか」と安心された。「しばらく起きているの？」と言われるので、「ずっと起きているつもりだから、いつでも呼んでね」と言う。加えて、「もしイビキをかいていたら、このへんの物を投げないといけないよ」と言うと、声を出して笑われた。

重久さんはよく話をされた。スタッフの名前もしっかり覚えておられた。私の出身地には、よく貝掘りに行ったと話された。私への気づかいだろうか。もっと話してみたいと思った。陽なたぼっこをしながら……。

＊

話は変わるが、昨年の十一月祖父を亡くした友人が、看護に一晩付き添った時に、食欲のない祖父がポツンと言ったそうだ。「長《な》ご生きれば、うまかもんもなか」。そしてカロリーメイト飲料を、缶をながめながめ飲まれていたそうだ。それをヒントに、朝食はヴィダーinゼリー（ちゃんと栄養士の方には計算してもらい、補食もつけています）。これなら朝、体がきつい時や、食欲のない時にもラクに摂れそうだ。おいしいと言われた。お年寄りにも現在《いま》を味わってもらわなきゃー。

＊

ひげをそり、上着だけ更衣して、散歩に行く。老健三階へ上がり、西側から桜島をさがすが見えず。溝辺を見る。東側から高千穂を見る。ここでMさんに会う。「キレイなおじいさん」と声をかけて下さる。「あなたのおじいさん？　似ているよ」と私に聞かれる。私は「一晩だけね」と答えた。寒いかなと、ちょっと気にかかったが、ベランダに出て外気にあたった。「いい所だ」と声にならない声……そう、私の。空気の冷たさにハッとしてあわてて中へ入る。そのまま病棟を訪ねる。たくさんの看護婦さんが声をかけて下さり嬉しそうだった。

＊

【感想】「一晩親子」の構想を聞き、「え〜っ、そんなの家族が来て泊まってすればいいじゃん」と声を大にして言った私だった。しかし、こんな貴重な体験が出来て、本当によかったと感謝しています。ありがとうございました。

「本当の気持ち」をかいまみた瞬間
——中村さん（大正元年生まれ／介護度1）

上別府絵里（介護員）

［16時10分］中村さんの部屋に行き「今きたよ。今日は一晩よろしくお願いします」と言うと、「早かったね。今日は、もうお風呂に入ってしまったよ」と答えられる。私は、一緒にお風呂に入るつもりだったが、仕方がないので少し話をしていると、「ほら、行くよ」と突然言われ、Aコープへ買い物に行く。

＊

［16時20分］車に乗りこみ、Aコープに向かう。車の中で、息子さんの話や、中村さんの若い時お父さんが呉服屋をされていたのでお店の手伝いをしていた話など、今までなかなか聞くことのできなかった話を沢山して下さった。

Aコープに着き、さしみ、ぶたみそ、巻きずし等々、大きな袋二個分の買い物をされた。「私は、ここにくる前、ずっと朝はパン食だったから、明日の朝は、パン食がいいね～」と、パンコーナーで自分の好きなパンも買われる。

＊

［16時45分］帰りの車の中で、「やっと、カゴから出られたのに、もう戻りかただね」と少しさびしそうに言われ、それから車の中での会話も少なくなった。いつもは、「ここ（老健）にいた方が安心で、あんたたちもいるからいいよ」と言われているのに……ちょっと、かわいそうだった。

＊

［17時］老健に到着して、「もうご飯たべたいね。おなかへったでしょう？」と聞くと、「買い物に行ったら疲れて腹がへったね」と二人ともペコペコなので夕食にする。メニューは、⑴おじや、⑵巻きずし、⑶さしみ、⑷お吸い物、⑸卵焼き＆ウィンナー焼。

おじやにした理由は、前日、「歯が痛くてご飯が食べられないのよ」と本人から聞いたため。「やわらかいご飯だったら大丈夫かな？」と思い、おじやに決めた。料理を机に並べたとき「まあ～よかった。やっぱり歯が痛くてね、今日は何も食べられないと思ってた」と喜んでもらえた。

＊

［18時30分］テレビ室へ行き、みかんを食べながらテレビを見る。「あたしは、あんまりみかんは食べんのよ、あんたと半分個ずつ食べるが」と、半分下さる。

＊

［19時］ＡＤＬ室へ戻り、布団を二つ並べて、ポータブルトイレも持ってくる。最初は、「ここで寝て、トイレまで行けるかね？」と心配されていたが、一度練習すると、「なんとかなるね。そんときは、あんたに頼まんならね」と安心される。入れ歯をはずし水につけていると「ドテが痛くてね」と歯ぐきを見せられる。アフタゾロン軟膏をつける。

＊

［19時30分］センナリド二錠、アモバンテス一錠服用する。「こんな早くに飲むの？」と聞くと、「早く飲んでも寝つけんからね。いつも寝つくのは（午後）10時頃なのよ、それまでは雑誌を読んだりしてるけどね」と、なかなか寝つけないことを話される。雑誌を二人で寝ころんで読んでいると、「今日は、買い物に行って疲れたから」と言って本をしまい、目をつぶられる。

＊

［19時45分］いつの間にか、いびきが聞こえてきた。今日は気分もよく、顔のほてりもないようだ。

＊

［1時30分］トイレに起きられる。ポータブルトイレに排尿し、その後、「あんたはおなかが減らんね！　私はいつも、夜中にちょっとつまみ食いをするのよ」と話される。私

も一緒に、バナナを半分ずつ食べる。
［4時］「便が出る」と、部屋のトイレへ行かれる。

＊

［6時30分］起床し、洗顔のあと（前日Aコープで買ってきた）パンとコーヒーで朝食。

＊

［7時］「また後で部屋に行くからね」と伝え、中村さんだけ部屋に戻ってもらう。

＊

［8時30分］「あんなに寝られるなんてね～。いつも朝早いから、久しぶりにたくさん寝た」と笑顔で言われる。「一晩親子」をしてよかったなと思いました。

＊

【感想】「あんたは誰と泊まるの？」と中村さんから聞かれ、「う～ん、まだ決まってないよ」と答えると、「私と泊まろうか？」と昼食前の食堂で決まった。「私と泊まろうか？」という、なにげない一言がうれしかった。買い物帰りの車の中で「やっとカゴから出られたのに……」と言われたのは、本当の気持ちだと思う。家族も遠くにおり、たまにしか帰ってこない。そんなさびしさからでた一言に、今日だけでも本当の娘のようになれたらと思った。

「私にも子供ができたよ」と喜ばれて…
――迫田さん（大正5年生まれ／介護度2）

吉村知子（看護婦）

「一晩親子」の話が始まった時、誰にしようかと迷っていましたが、次のような理由で迫田さんを選びました。迫田さんは帰宅願望のある方で、お正月は外泊が予定されていたにも拘わらず、当日になり「帰っても一人で生活しなければならない」という理由で外泊は中止。入所生活でも、他者との会話が少なく、それなら一晩親子で家庭的な雰囲気を作ってあげようと思いました。そして何より迫田さんの笑顔が大好きなので、もっともっと素敵な笑顔が見たかったのが、一番の理由でした。

＊

当日は、小雨が降って寒い日でした。あ〜、せっかくの日に天気が悪く、温泉に連れて行っても大丈夫だろうか？　風邪をひかせないだろうか？　事故を起こさないだろうか？　こんな思いをするなら中止にしようか？　でも約束しているしなぁ〜。「温泉に行こうか」とたずねたとき、「わぁ〜嬉しい、行こー、行こー」と言って見せた満面の笑みが思い浮かぶ中、私は不安と喜びで複雑な心境でした。

定時に老健到着。さっそく二階へ上がり、迫田さんのところへ行く。迫田さんの顔を見ると、いろいろと心配するより楽しく一晩過ごそうと思い、すぐに入浴準備をして温泉に行く。

＊

［16時30分］老健出発。湯冷めしたら心配なので、温泉に向かう前にAコープで買い物をする。前もって好きな物をうかがっていたが「何でもいいよ」と言われたので、寒い日にはこれが好いと判断して、今晩のメニューは煮込みうどんに決めていた。うどん、かまぼこと不足分の材料を買う。食料品売場を一緒にひとまわりして希望をうかがう。お刺身とあんパンを食べたいと言われ購入する。

＊

［17時］目的地の温泉「神乃湯」に到着。受付を済ませ脱衣場の方へ向かう途中、ここは迫田さんにとって近所ということもあり、会う人ごとに「迫田さんじゃなかけ〜、もう退院しやしたと〜」と頻繁《ひんぱん》にお声がかかっていました。浴室はとても広々としており、リラックスできる雰囲気だった。髪と背中だけ洗ってあげると、あとは自分でされる。衣類の着脱も自分でＯＫ。浴室を出る前に、ドライヤーで髪を乾かす。一時、休憩室で過ごし、コーヒー牛乳を一緒に飲む。

＊

［17時50分］老健に到着。無事着いたことに安心する。「足元に気をつけてよ…」と言いながら付き添っていたが、「大丈夫、大丈夫」とさっさと歩いて行こうとする。ほんのちょっと油断した間に、通用門の入口（靴箱前）で転倒。右前額部打撲腫脹（＋）、他は外傷なし。急いで詰所へ行き、冷罨法《れいあんぽう》を行う。その後、冷湿布を貼用する。

「こんなこと、どうもないよ……ごめんなさい」と反対に慰められ、ちょっとした気の緩みから事故になったと深く反省させられる場面だった。

しかし、いつまでも落ち込んでいても仕方ない。ここで気分を一転して…夕食の準備に取りかかるために、三階ＡＤＬ室へと行く。持参した土鍋で煮込みうどんを作る。調理している間、迫田さんは椅子に座り、じっと作業を見ておられた。

＊

［18時30分］夕食を一緒にとる。「こんなご馳走は初めてだ」と、とても喜んでいただきました。「私は食べ物のない時代に生きてきたから、好き嫌いなんて言っておれなかった」と、さしみやうどんをとっても美味しそうに食べていました。

＊

［19時30分］食後の後片付けをする。みかんを食べながら再び会話が弾む。若い頃は中

国で暮らし、戦争を体験したことなどを涙ながらに語って下さいました。
心に残った言葉――「戦争中は、死ぬ思いを何回も体験した。二～三回は死んだ体なんだから(三日間意識不明になったことや、戦争時の弾が顔をかすめて通ったことなど)、その当時を思えば、私には何も怖いものはないよ」

＊

[20時15分]「私は大丈夫だよ…」と言いながらも少し疲れた様子。就床準備をして、歯みがき、トイレを済ませる。

＊

[21時30分]布団へ入床す。しばらくすると寝息が聞こえる。

[21時45分]尿意（＋）ＡＤＬ室内のトイレへ誘導す。その後も起床するまで、四回トイレに行かれ、尿量も普通にある。今日、布団に休んでもらったが、やや不便な点（膝関節の屈曲が困難で、起立時と臥床時に介助が必要）があり、迫田さんも苦痛を感じていたと思いました。

＊

[6時30分]夜間トイレが頻回のため、やや疲れ気味。目が覚め起床される。布団片付け、洗面行う。

＊

［6時45分］甘い物が好きと言われていたので、朝食前、よもぎ大福とお茶を召し上がりながら、昨夜の様子を語られる。Ａコープに行ったことは記憶にありましたが、温泉については、こちらが言うまで思い出せない様子でした。

＊

［7時10分］朝食のため、二階へ降りる。

＊

【感想】最後に、昔を懐しみながら話をして下さるときは、痴呆であることなど忘れてしまうぐらいに、よく語って下さいました。自分の子供を授かることができず、子供のことになると顔を曇らせる場面もありましたが、今回の一晩親子で、迫田さんが「私にも子供ができたよ」と喜んでおられたあの笑顔が、今も心に残ります。とってもよいひとときを過ごすことができました。

ふだんはできない会話が交わせた

――宮原さん（明治40年生まれ／介護度1）

八幡理美（介護福祉士）

宮原さんが私を覚えてくれたきっかけは、「買物訓練」でした。一緒に行き、本人が欲しい物を一緒に探して楽しく買物した日から、施設にいても顔を見せれば、すぐ何か話しかけてくれるようになり、病院にある売店への買物もよく頼まれます。少しは信頼関係が出来ているのかなぁと思い、「一晩親子」をすれば、本人の本当の気持ちが分かるのではないかと宮原さんを選び、「一晩親子」をさせてもらいました。

＊

まず、本人へ報告をする。

「『一晩親子』があるでしょ、私がするけどいい?」と伝えると、「あんたがすっとなー、それはよかった。いつな。はよ日にちを言っといて」と喜んでもらえたのでよかった。それから日にちが決まるまで、ずっと何度も日にちのことを聞かれた。日にちを報告すると、部屋の方や、みんなに言いふらしていた。

＊

［16時15分］暖かい格好に着替え、クルマでAコープへ行く（職員に乗せてもらう）。車内では、「洋服を買いに行きたかった。また買物訓練に早く行きたい」と言われる。

Aコープ内では、巻き寿司を素早く手に取り嬉しそうである。漬物を見て、部屋の人とかにあげるから欲しいと選ぶ。前々から食べたいと言っていた刺身も選ぶ。あれも欲しい、これも欲しいとウロウロされ、イチゴ、干し柿、柚餅子《ゆべし》を買い、買物終了。老健へ帰る。

＊

［17時／老健到着］昼間に入浴されたとのことで、楽な服（パジャマ）に着替える。夕食に備えて、自分でも何やら準備していた様子で、部屋を移動する。

＊

［17時20分／夕食タイム］巻き寿司を一口二口食べて、「おいしい」と言われる。私が作ってきたポテトサラダも食べてもらう。これは、宮原さんからのリクエストであったが、味が口に合うか不安だった。ペロリと食べられ、「一番これがおいしかったよー」と言って下さったので、とてもうれしかった。食べながら会話していると、「私は○○さんと仲が良いのよ」と三、四人の名前を言われる。やはり苦手な方もいるとのこと。その話が、かなり長かった。Sさんのことを「あの人は働きすぎだ。本当によか人じゃな」

と言われていた。

＊

［18時20分／夕食の後片付け］その後もいろんな話をされる。「老健のまわりに沢山の花を植えたい、ここは本当に居心地が良い。みんなそう言っている。家にいても一人だしな」と言われる。

そこで、私に一つ聞きたいことがあると言われる。「私がいつも八幡さん、八幡さんと言うから、みんなもそう言うようになって、あまり八幡さんって呼ばない方がいいんじゃなかろうか？」と。「そんなことないから、これからも何でも言って」と言うと「ああよかったー。前からこれだけは聞いておきたかったのよ。あんまり私ばっかり八幡さんに頼んでばっかりだったからなぁ～」と笑顔で言われ、安心された様子。こんなことを聞かれるとは思っていなかったのでビックリした。

＊

［18時40分／布団準備］トイレへ行かれた後、歯みがきをされ、すぐ布団へ入られる。「ああ、今日はゆっくりご飯を食べられてよかった。私は何でこんなに長生きしてるのかね」と、急にそんなことを言われる。「でもな、私は歩けなかったんだよ。頑張ってきたから、ここまで歩けるようになったのよ。ちょっと最近太りすぎかねぇ」と笑って

言われる。

＊

［19時10分］「昨夜は、今日（一晩親子）のことを考えすぎて、何をしようかと興奮して眠れなかったので、もう寝るから。おやすみ」と入眠される。数分もしないうちに、寝息が聞こえてきた。

……熟睡……

［5時］トイレに行かれる。

＊

［6時］起床し、洗面される。「着替えてくる」と自室へ帰られる。いっときしてのぞくと、お茶を飲みながら同室の方と話をされていた。「朝食も一緒に食べるからね」と伝え、少しのあいだ、私は他の人の食事介助に行く。

＊

［8時／朝食］昨日買った干し柿を最後に食べながら、お茶を飲む。「昨夜はゆっくり、ぐっすり眠れた。買物も行けたしなー」と言われる。それから、御主人との出会い話など話され、いろいろ聞けた。9時前になると、「おフロへ行くからな」「昨日はどうもありがとう」と。「一晩親子」終了す。

＊

【感想】本当に、ふだんのちょっと空いている時間だけでは話せないことが話せてよかった。また、宮原さんが考えていること、思っていることがいろいろと聞けてよかった。自分がしたことで相手の笑顔が見られるというのは、とてもうれしかったです。楽しく過ごせてとてもよかったです。一晩過ごしたことで、少しでも宮原さんとの信頼関係が深まっていたらなあと思いました。

一緒に買い物をして、初めて好き嫌いもわかった

――宮田さん（大正9年生まれ／介護度1）

大田よしみ（介護員）

一晩親子の話が出た時、誰にしようか迷った。宮田さんに決めたのは、夕食が終わったらすぐに寝てしまうので、夕食後にも少し起こしておこうと思い、決めました。

＊

［16時30分］Aコープへ行く。「私はお金なんか全然もってないよ」と言われ、すごく遠慮をされる。だが、すぐに、パン売場の所へ行かれた。宮田さんはアンパンが好きなのかと思い、「アンパンが好きなの？」と聞くと、「おいしいよね」と言われる。「さしみが食べたいね」と言われ、さしみ売場に行き、あとはAコープの中をグルグル回り、さしみと、唐揚げと、ジュースと、たこのサラダと、パンを買って、施設に帰った。車の中で、「帰ったらお風呂に入ろうか」と聞いたら、「私は二、三日に一回入ればいいから、入りたくない」と返答される。

＊

［17時］施設に到着。

［17時30分／夕食タイム］施設の夕食と、さしみと、唐揚げと、ジュースと、たこのサラダを食べる。宮田さんの家のいろんな話を聞かせてもらう。昔の話もいろいろと話される。夕食が終わり、二人で片付けをする。その後ゆっくりする。

＊

［18時10分］二人で寝る準備。「今日はどこで寝るの」と聞かれるので、「どこで寝るでしょー？」と言うと、「もしかしてこの部屋ね」。「そうだよ。私も一緒だよ」と言うと「あら～」と言われる。

＊

［18時20分］二階へさそいテレビを見る。「もう私は眠いよ」と言われたので三階に上がる。

＊

［18時30分］三階に上がり、布団の中へ入る。センナリド服用。

＊

［18時30分～6時20分］睡眠タイム……ｚｚｚ……

［22時］と［3時］トイレに行かれる。

＊

［6時20分／起床］宮田さんの方が先に起きられる。ゴソゴソされていたので、私も起きる。その後、二人で布団の片付けをする。

＊

［7時20分／朝食］施設の朝食もあったため、私が買ったパンを二人で分けて食べる。

＊

［8時］ゆっくり話をする。

＊

【感想】こんなに長く入所者の方とコミュニケーションをとったのは、初めてだった。なんか、今まで見たことのない宮田さんを見た。いろんなことを話せて、本当によかったと思う。二人で買い物に行ったり、夕食を食べたりして、いろんな好き嫌いも分かった。これから仕事の中で、ゆっくり話す時間はないかもしれないけど、できるだけコミュニケーションをとるように心がけたいです。

「夫婦のきずな」と「母の偉大さ」を教わった

――酒匂さん（大正8年生まれ／介護度1）

藤野みどり（介護福祉士）

今夜は待ちに待った一晩親子の日。

16時30分、約束していたエレベーター前での待ち合わせ。早速、酒匂ケサさん希望の買い物へ出かける。車に乗るとすぐに「昨日、買う物をちゃんと紙に書いたんだ！」と笑顔で話される。その紙には大好物の「巻きずし・ヤクルト・ビール・梅酒・酢」が書かれていた。

店に到着、ケサさんは目を輝かせながら買い物をされた。お酒を手にしたケサさんは私に「今夜は二人で飲みましょうね」とスマイル。

買い物が終わると次は裸のお付き合い。最近できたばかりの温泉へと足を運んだ。中はとても広くきれいで、二人とも驚くことばかり。湯加減もバッチリ。背中の擦り合いをした後は、身体の芯まで温まった。湯上がりには一本ずつコーヒー牛乳を飲んだ。二人顔を見合わせ「幸せだねー」の一言。

老健へ帰り、ご飯の準備に取りかかる。老健の夕食＋巻きずし＋おいなりさん＋お酒、とても豪華な食事。まずは乾杯！「今夜は楽しい時間を過ごしましょう！」と。あっと言う間にごちそうを食べ終わり、次はＴＶ鑑賞。ケサさんは私に気を使ってか、若者向けの番組にチャンネルを変えてくれた。二人でお笑い番組を見てたくさん笑った。

＊

そのあと、昔話をたくさん聞かせてもらった。仕事の話や家族の話、友達の話など。ケサさんは五十二～七十二歳までの二十年間、「林田ホテル」に住み込みで配膳係の仕事をされたそうです。ご主人は身体が弱く、代わりにケサさんが仕事をし、息子さんのためだけに一生懸命働いたそうです。「月一回だけ汽車で家に帰るのが、唯一の楽しみでした」と笑顔で話された。

「仕事は苦しくなかったですか？」と聞くと、「まわりは良い人ばかりで、とても楽しかったよ。主人の理解があったから、長いあいだ働くことができたんだよ。主人には感謝してるよ」とケサさんは言われた。私はこのご夫婦の絆の深さと、ケサさんのご主人に対する気持ちに感動した。

私は今、妊娠三ヵ月である。ケサさんの話を聞いて、母の偉大さを教わったような気がした。夜も更け二人を睡魔が襲う。お布団を二つ並べて敷き、寝床の出来上がり。布団に入り、「明日は何時起きですか？」と聞くと「五時半」。おお早いなぁ、と思いながらも「はい」と返事をし目覚ましをセットする。

二人とも熟睡し、朝を迎える。「おはようございます」。洗面など済ませ、まずはお茶を一杯ずつ。その後ケサさんは、いつものように入所者の片腕となり働かれた。私も一緒に手伝う。8時、朝食を摂取する。

＊

ずっと楽しみにしていた一晩親子も、あっと言う間に終わってしまった。ケサさんに感想を聞くと「夢のような一日でした。とても楽しかったです。本当にありがとね。また、こんなことをしてちょうだいね」と言ってくれた。その言葉を素直に受けとめた私も、同じ言葉を返した。

Part.2

介護という仕事に携わって

【介護職員の感想集】

「介護放棄」や「介護地獄」など、介護が社会的な問題になっている。そんな中で、なぜ、あなたたちは介護の仕事を選んだの？　介護の仕事を続けているの？そんな問いかけに、職員たちがこたえた声を紹介するのが本章である。もうキレイゴトは言ってられないと、追いつめられている職員もいる。それでも、みんなに共通していたのは「お年寄りが好き」のひと言だった。

責任は重いけど、頑張らねば！

西森智代（昭和56年生まれ）

中学の時、母が特別養護老人ホームで仕事をしているので、そこでボランティアをしていました。介護っていい仕事だなあと思い、高校は福祉科に行き、卒業してここに就職し、四年目になります。

入った当初は慣れなくて、「私には無理だ」と思うこともありましたが、後輩に教え、頼られる立場になって、「しっかりしないと」と、積極的に仕事に取りくむようになりました。

でも、一人一人性格も違うし、対応の仕方もちがうので、完璧にはなかなかできないと思います。だんだん性格がわかってくるので、自分がのみこんで対応するようにしています。

自分の気持ちを抑えねばならない時――ウルサイなとか、もう少し待ってほしいとか――が多々あって、感情を出してしまう時があって、そんな時は落ち込み、反省します。心が落ち着いていないと良いケアはできません。だから、休日は大切ですし、勤務表は上手に作ってほしいです。やはり夜勤は、不安がいっぱいです。

ナースや先輩といっしょの時は良いですが、だんだん私が後輩と組むことが多くなり、自分がしっかりしないといけないと思いますので、ストレスがたまります。

状態が急に悪くなったりする時よりも、むしろ少しの変化というか、ゆるやかな変化というか、何かおかしい……と判断のつかない時が一番困ります。

また、おしめ交換で部屋をまわっている時、痴呆の人が突然徘徊しだしたりすると、みんな歩行がおぼつかない人ばかりだから、こけると骨折するし、もし事故になれば自分の責任と思いますから、大変です。でも、年配の人も一生懸命仕事しているし、私は若いんだから頑張らねば！　と思います。

私は、ずっと寮で一人暮しですが、部屋で一人いると落ちこんだりするときもありますが、仕事に来ると元気がでます。職場の雰囲気は楽しいし、同僚との会話は楽しいし、おもしろいからなあ。

聖母マリアになりたいのに、夜勤のときは鬼ババア…

松栄則子（昭和25年生まれ）

老健に就職し、五年になります。

就職した一週間は「なんでこんな仕事に就いたんだろう」と思いました。ともかく、人間相手の責任のある仕事で気をつかいました。娘より若い人たちが先輩なので、どう接していいかにも気を使い、四キロやせました。

今は、この仕事は自分に合っていると思いますし、よかったと思っています。豊かでやさしい人間になった気がしますし、自分が成長したと思います。

街に出た時など、お年寄りにさっと手を出して「大丈夫？」と助けてあげるなど、本当に自然にするようになりました。

私は、寝こんで四ヵ月で死亡した姑の介護経験があるんですが、今ならもっと良い介護ができたんじゃないかナと思ったりもします。

入職したとき、若い職員が、どうみても可愛くない人を「可愛い」と言っているのでびっくりしましたが、今、その気持ちがよくわかります。

介護福祉士の資格も三年目にとりましたし、今年は、ケア・マネージャーの資格に挑戦しようと思います。医療的なことも、もっともっと知りたいし、勉強したいです。

それに「亀の甲より年の功」で、控えねばならないこと、我慢すること、折れること、あるいは言わねばならないことは言うこととか、人間関係のコツ、お年寄りの処遇は、若い人よりは上手かもしれません。

私は、聖母マリアのようになりたいのに、夜勤の時は鬼ババアのようになってしまいます。本当に、このごろ入所者が重度になり、始めの頃と全く違い、手のかかる人が増えてきたからです。ただ、どんなに忙しい時でも、やさしい言葉をかけ続ける人もいて、本当にえらいと思います。

それから、この仕事は決して一人ではできない。チームワークが大切な仕事だと思います。だから、職場の人間関係は大切です。

これからの、うちの施設の課題は、一つはもっと介護者に合わせたゆとりのある介護をしていくこと。二つ目は、家族とのコミュニケーションを深め、入所者と家族の関係を深めていくこと。

三つ目は、医療との関係をどうしていくか。例えばいくら家族や本人が老健でのターミナルケアを望まれても、介護者としては、早く病院に移して医療的ケアを受けさせてあげる方が良いのでは、とか思うからです。九十代の高齢者が多くなっていますので、医療の問題は介護施設であっても切り離せない問題だと思います。

介護は私の天職

横山美紀子（昭和51年生まれ）

高校を卒業してすぐ就職し、出産で退職するまで九年間、働きました。

私は、加治木女子高の医療福祉科の第一期生です。中学のとき、進路希望で、新しく専門的介護を学ぶことができると聞き、「おもしろそうだなあ、やってみよう」と思い、進学しました。

ボランティアなどは一切経験していませんでしたが、お年寄りは好きでした。祖父、祖母と同居はしていませんでしたが、両親がどちらの祖父母の面倒もよくみていましたし、私もよく同行したり、私だけで泊りに行ったり、お年寄りとの交流は自然でした。そういう私の家庭環境も影響していると思います。

高校で実習に行った時も楽しかったし、実習の成績も良くって、卒業しても介護の仕事を選ぶのに迷いはありませんでした。

介護職は楽しいです。大変なこともあるけど、九年間楽しかった。今は子育てで家庭に入っていますが、また就職するならこの仕事と思います。他の仕事は考えられない。天職だと思います。家族の方々は、本当は家で看たいと思うけれど、いろいろな理由で看られないと思います。家族のできないことを、私達がしてあげる。ステキな仕事です。十八～十九の時は、介護職そのものが楽しいというよりは、職場で、みんなと楽しく仕事ができるという感じでしたが、だんだん介護そのものがおもしろくなってきました。

お年寄りは人生の先輩だと思うし、コミュニケーションをとるのがやはり一番おもしろいです。いろんな話ができるし。痴呆の人でも、いろんな昔の話、お嫁に来たとき、家のこと、恋の話、本当に人生について勉強できます。お年寄りと家族との関わりとかみていると、嫁姑の関係とか、よくわかります。「お嫁に来た時、よくしてくれた」と、痴呆で重度の姑さんをよく面倒みる人もいるし、お嫁さんを完全に無視する人もいるし、私たちが「可愛い」と思う人を、「どこが可愛いんですか?」というお嫁さんもいるし……いろいろです。

それに、処遇の大変な人、例えばおしめを換えさせないとか、暴力行為のある人とかは、いろんな他の人からの情報を得て介入していく。そういう人の処遇を考えるのはおもしろいです。また、おしめを代えるのでも、寒い時や体の状態でいろいろ違いますから、そういうのも一つ一つ考えながらしていくとか、やればやるほど面白味がでてきます。

夜勤の時は、やはり気が張ります。

本当にいろんな場面に遭遇しましたが、冷静に対応し、急病の人にすぐ気がついて医師に報告したり、やりがいのある仕事だと思います。

いちばん悲しかったことは、Sさんという九十八歳のお年寄りのターミナルケアをした時です。本当に何もしてあげられない、自分は何もできないと、自分の非力を感じました。Sさんのように、「ここで死にたい」と希望する人は、不安だけれど、やはり最後まで看とってあげたいのですが……。

最後に、いくら私たちが家族の代わりをしているといっても、せめてお正月やお盆には面会に来てあげてほしいです。家族は家族なのだから、やはり大切にしてあげてほしいです。

観音様のようになりたい…

永里裕子（昭和40年生まれ）

この仕事について三年目になります。それまでは、エステティックサロンや化粧品の販売など美容関係の仕事をしたり、ここに就職する直前はレストランに勤めていました。全然違う職種と思われるかもしれませんが、人間を相手にする仕事だし、接点はいろいろあります。施設は、「生活の縮図の場」だと思います。こうしたところに入っていくには、やはり難しい面もいろいろあります。

今、一番自分にとって必要なのは、医療分野の知識を勉強することです。現場にいると、みんな医療の必要な人ばかりだから理解したい、知りたいと思うのは当然だと思います。

この仕事に入った動機は、長いスタンスでできる仕事、ずっとできる仕事と思ったのですが、体力がいるので、いつまで続くかなという不安はあります。ただ、他の職場とちがって、若い人が長く働いているので、びっくりはしましたが……。初めは日向ぼっこしてお話をしたり、散歩したりと、きれいなイメージがあったのですが、全く違いますね。マラソンしてるみたい。ともかくナースコールに追われ忙しい毎日です。

難しい面は……自分との関係で難しいです。つまり、自分の感情の起伏をおさえることです。自分の感情というのは、いつ、どこで、どうなるのか、自分でもわからないところがあって、体調やその場の雰囲気によっても変化します。私は、自分の感情面でのコントロールに一番悩みます。

修行してるみたいって？　そうですネ、私は、観音様のようになりたいのです。苦手な人とかイヤな人とかは別にないです。だって、みんなどこかしら可愛いですから。やはり喜ばれたり、笑顔がみられた時が一番嬉しいです。特に、思いがけないことで喜ばれたり、処遇の難しい人が喜ばれた時ほど、嬉しいです。

人間は泣いたり、つらかったり、いろんな状態があるので、いつも良い状態ばかりではないし、施設長がいつもハッピーな現場を望まれても、そうはいかないですよ。私がしたいのは、外出する、陽にあたる、家に帰るなど、もっともっと外に出してあげたいことですが、日々の業務に追われてなかなかできないのが残念です。

施設長は私に、もっと化粧してきれいにしたらってよく言われますが、メークとかは抱いたりする時、相手についたり、臭いがあったり、介護職にはよくないのでしなくなりましたが、キメる時はバッチリ。昔とったキネヅカでメークしますから大丈夫です。

今年は介護福祉士の受験資格ができるので、資格をとるつもりです。

介護は大変！　でも好きです

東川由美子（昭和51年生まれ）

高校を出て就職し、もう九年目です。

介護職を一言でいうと、「大変ですっ！」。

この仕事を選んだのは、小さい時から老人の方のお世話をしたいと思っていたからです。でも、単なるお世話では済まないということが、だんだんわかってきました。どういうことかって言われると……うーん、医学的な知識も必要だし、いろんなことを知ってお年寄りの状態をよく見て把握しなければならないし、一人一人みんな違うし、その違いがわからなければならないし……毎日勉強だと思う。実際、食べること、排泄、入浴、身の回りの清潔整頓と、毎日毎日大変です。でも、イヤだとは思わないです。

ただ、このごろ、本当に余裕をもって接することができなくなってきた、と痛感します。それは、入所者が以前と違って、重度化してきたからです。夜勤の時など、本当に大変です。

仮眠など全くできません。昔は、仮眠がとれましたけど…。施設長や婦長など上の人も夜勤をしてほしいですネ。わかってほしい。交互にもう、いつもナースコールが鳴ります。痴呆の人はウロウロします。ケガをさせてはいけないし……。尿失禁や便失禁で全更衣やシーツ交換が必要な人、状態の悪い人が一人二人必ずいますし、その人の絶えまない観察、バイタルチェックなど、そして記録……と、私はまだ若いけど、年配の人などは本当によく続くなと思いますよ。

もう一人、当直の人数を増やして下さい。五十人を二人で看るというのは、どうしても無理です。うちの施設は、介護度が低い方（平均２・８位）だし、基準以上の人員配置をしているって言われるけど……本当に大変なんだから！　夜勤あけの明くる日は休日になっていますが、その休日がなくてもいいですから。労働基準法でダメなんですか？　考えて下さいネ。これ、皆のお願いです。

この仕事で一番うれしいのは、やはり相手が喜んでくれることですね。痴呆の人などわからなくっても、可愛いです。苦手な人は、陰日向《かげひなた》のある人です。それに要求がこれでもかこれでもかとエスカレートする人、それから、男性のなかには機嫌が悪いと杖を振りあげたり、暴力をふるう人もあり恐いですよ。どうして良いかわからない時は、本当に困ります。人間だから、あんまりわけのわからないことを言われたり、何度も何度も同じことを言われると、強い口調になったりすることもあります。そうした態度をとってしまった後は、本当に自己嫌悪に陥ります。ストレスがたまります。

私はソフトボールをしているし、バレーもしているので、スポーツで解消しています。飲みに行く人や、カラオケに行く人もいます。どこかで発散が必要ですね。ずっとこの仕事をしていて、他の仕事に対する憧れはありますよ。でも、またきっとこの仕事に戻ると思います。他の仕事をしてみたいとやめた人も、みんなそう言ってますから。介護職というのは、やはり何だかわからないけど魅力のある仕事なんですよね。

でも、自分の親はやはり施設でなく在宅で看たいと思います。一対一の介護にまさるものはないと思うからですが、でも、ずーっとは大変かな？　入所者の家族に対しては複雑な思いがありますネ。洗濯物を取りにきてすぐ帰ったり、食事中で部屋にいないと会いもせず帰る人がいたり。家族が一晩親子してくれたら……とも思います。結論としては、やっぱり私はお年寄りが好き！　なんですよね。

コミュニケーションのきっかけは爪切りから

藤野みどり（昭和56年生まれ）

医療福祉科を卒業し、老健に就職して四年目になります。その間、結婚・出産し、いま八ヵ月の子供をここの託児所に預けて、仕事を続行しています。

介護職につくのは、何の迷いもなかったです。小さい時から祖父母が近くにいたし、お年寄りが好きでした。高校の三年間は毎週土曜日、軽費老人ホームにボランティアでお手伝いしていました。

就職して、やはり学校で学んだこととちがうこともあり、教科書どおりにはいかないとは思いました。それに、ボランティアと違って、働くということに慣れなかった面もありますが、この仕事は好きです。融通のきかない人は困るけど、病気なんだし、そういう人なんだと受けとめます。そういう人への対応を考えるのが、自分の仕事だと思いますし。「こうしてあげたい、ああしてあげたい」という思いはいっぱいあります。例えば、立たせてあげたい、歩かせてあげたい、とか。でも、個人差があって、やる気のある人はやりやすいけれど、やる気のない人をその気にさせるのは難しいですね。

いろんな話が聞けるのは、おもしろいし楽しいです。私はコミュニケーションのきっかけ作りは爪切りからはじめます。まず、爪を切ってあげるのです。ほとんどの人がよく働いてきたので、爪が固くカチカチになっています。固い爪を切りながら、仕事のこと、子供のことなど、自然といろんな話ができるようになり、親しくなります。

今、私は、デイケアの担当で、比較的元気なお年寄りが多いので、Y談や下ネタの話もあります。男の人だけでなく女の人もしますよ。昔だったら真赤になったり、何のことかわからなかったかもしれないのに……今は冗談で平気で笑い飛ばしています。まだ、二十一歳なのにネ。

子供を抱えて、生活も決して楽ではないけれど、若さで頑張ります!

夢は養護学校の先生

川畑慎（昭和58年生まれ）

老健に来て一年がたちました。

仕事は楽しいです。学校の実習では、オムツ交換とそうじが主でしたが、ここでは医療のこととか、看護婦さんの助手の仕事とか、入浴介助とか、いろんなことができておもしろいです。

私は、小さい時から祖父母と住んでいたし、弟は二歳の時の高熱で障害があるので、小さい時からこういう仕事に就こうと思っていました。今は、困るとか難しいとかは別に感じません。いつも先輩がいるからかもしれません。

入所者と話をするのが楽しいです。トイレ介助や着替えや仕事をしながら、その日のこととか行事のこととか話します。慣れてきて言葉づかいが悪くなってきたり、けがをさせないようにしないといけない、と今思っています。
この仕事は好きだけれど、養護学校の先生になりたいという夢があるんですが……。

介護者がいつも良い状態でいられるように

小濱ひさ子（昭和23年生まれ）

併設の病院と老健のあいだを行ったり来たりして、十二年になります。それぞれの仕事に楽しさと生きがいを感じますが、管理職より、直接患者さんや家族と接している現場の方が好きです。

私は家に帰れば、嫁として姑《はは》の介護を平成八年からずっとしているので、家族の立場や気持ちもよくわかります。今は、在宅へ在宅へと在宅介護が言われますが、やはり一定の条件が整っていないと在宅介護を継続するのは難しいです。姑は、「入院はしないし、公的なサービスも利用しない」と、自分の意志を貫き、思い通りの理想の介護をしてもらっていると思います。

私は、毎朝、姑を起こし、洗面、整髪、ポータブルトイレのそうじ、食事を作って食べさせ、歯みがきをし、足の処置などをして出勤します。その後、夫の姉たちや弟嫁が来て、日中は交代で姑を看てくれます。夜間は、夫がかたわらに寝て、二〜三回トイレ介助をしてくれています。

土・日は、私と夫が看ますが、私の息子や娘たちも手伝ってくれます。ふつうの日は、一日五人の身内が関わって在宅介護が成り立っています。

でも、こうした介護ができるのは、自営業だからだと思います。夫や姉たちが会社勤めなら、日中の介護はできないのでは……。

私は結婚して姑に教え込まれたというか、自然にわからされたことが三つあります。それは、「神仏を拝め」「親は子供をみる」「妊娠は病気ではない」ということです。

昔の人はそういう考えだったし、それを貫いてきたと思います。実際、姑は、四人の子供を産み、九十歳以上まで生きた自分の義母を家で看取り、自分の夫もみんな家で亡くなりましたから。今、私たちが姑を看ているのも、あたりまえのことと思っているでしょう。

しかし、最後まで在宅で看るのは、いくら公的サービスがあっても、やはり難しいと思います。私は、自分がナースだからできると思う。在宅介護で一番必要なのは、介護する人をまわりが理解し、フォローしてあげることだと思います。共感してあげることだと思います。

仕事でストレスがたまらないのは、やはり家と同じごくあたりまえのことをしても、喜んでもらえるからかもしれません。また仕事では、いくら我がままを言われても受容できます。姑に一年三百六十五日「一晩親子」のように接するのは無理かも……。

家でも職場でも、やはり介護者がいつも良い状態でいられるようにすることが、大事ですよネ。私も婦長として職員が良い状態でいられるように努力したいと思います。

Part.3

こうやって生きてきたよ

【お年寄りの回想集】

お年寄りへの思いやりは、お年寄りへの理解からはじまる。お年寄りの「現在」だけでなく、「過去」をも理解したい。当施設を利用されているお年寄りは、大正・昭和の激動の時代を生きぬいてきた方ばかりだ。その波乱と苦楽にみちた回想を聞き書きしたのが本章である。ふだん多くを語らないひと、語りたがらないひとの言葉には、はかり知れない重みがあった……。

忘れられないこと

吉田ヒロさん（大正11年生まれ）

今年、傘寿の祝いを、私に秘密で計画していて、秋田から息子も来て、娘や孫たちみんなでお祝いをしてくれて本当に嬉しかった。私は幸せだと思います。

私が十七歳で満州開拓花嫁になって、夫と子供を亡くして引揚げて来たときの話は『翼があったら』の本を書いたので分かってもらえると思います。本当に夢中で日本に帰り着きました。でも、不思議ですね。もう何十年も経つのに、どうかすると思い出すのは引揚げの時ではなく、秋田に帰り着いた日のことなのです。

やっと日本に着き、汽車で阿仁田の駅に着きました。ここから家（実家）まではもうすぐです。でも私は途中もらった弁当で食中毒になり――途中の駅で医者が診てくれ薬をもらって良くなっていましたが――顔は腫れ、湿疹がいっぱいでした。もちろん髪は男のようにザンギリで本当にみすぼらしくて、知っている人に会うのが恥ずかしくて駅に着いても出て行く勇気がなく、人影がなくなり暗くなるまで駅の便所に隠れていました。

それからやっと、実家を目指して歩き出しました。途中で同級生に会い「ヒロコさん!」と抱き合って再会を喜びました。実家が見え、やっとたどりつけた。はやる心で「ただいま!」と玄関を開けました。何も考えてもいなかったのです。考える余裕もなかったのです。ただ、家にたどりつきたい一心で、食中毒の後遺症で体はかゆくてかゆくてしかたないし、疲れ果ててもいました。胸には夫と二人の子供の遺骨と遺髪を抱き、何もなく帰りついたのです。両親はすでに亡くなっていましたから兄夫婦が跡をとっていましたが、私にとっては「家」でした。

「ただいま」と玄関を開けた時、姪がでてきて「ヒロコおばさん!」とびっくりして叫びました。すると奥から「まっかぼう、おっつけてやれ!」いう義姉の声が聞こえました。これは秋田弁で「入れるな!」ということです。

その時の気持ち……何て言えばいいんでしょうか……。

本当に「あっ」と思いました。疲れ果て、崩れ落ちそうな体と心に、強力な一撃をうけたような気がしました。

実家には上がらず、真っ暗だったので「夫の実家に送ってください」と姪に頼んで、夫の実家に行きました。

夫の家では「まず、あがれ」と言ってくれました。

私は夫と子供を引揚げの途中で亡くして、自分だけが帰ってきたので申し訳なく謝りましたが「何も言わなくてもいい。ゆっくり眠れ」と言ってくださいました。

中毒の後遺症と引揚げの苦労で体はすっかり弱っていました。医者に診てもらい、夫の実家に一ヵ月ほどいました。昭和二十一年、私が二十四歳の時です。

いま思えば、あの時、性根が入った。甘えてはいけない。カツが入ったんだ。だからあれから後もしっかり生きてこられたんだと思えますし、みんな生きていくのに必死だったから怨《うら》んではいけないと思います。

でも、今でもあの時のことが忘れられません。そんな自分を根性悪い人間だなあと思ったりもしますが……やはり思い出してしまいます。悲しいとか悔しいとか、そういうのではないのです。言葉では表わせない……人間って因果なものです。

終戦記念日だし、戦争中の話をしよう

上村武則さん（大正10生まれ）

逓信省に就職したので、旧制中学の卒業式の明くる日には、すぐに朝鮮に行くことになった。昭和十四年、霧島神宮駅から汽車で門司に行き、さらに下関へ。それから船で釜山に着き青洲に赴任した。当時、朝鮮は日本の植民地だから遠くに行くとか外国に行くという感じはなかった。私は特殊係というところで、郵便配達は朝鮮の人がした。朝鮮語も覚えた。だから時々、朝鮮語の歌がでてくるんだよね。

二十歳で徴兵検査を受け、昭和十七年二月十七日に熊本の部隊に入隊した。日時をよく覚えてるって？　シンガポール陥落記念日だからね。兵隊に行くことになって逓信省を退職した。四年間勤めたことになる。

入隊して、訓練時に上等兵に殴られている人を見て（今でも名前をはっきり覚えている。中村って人だった）、気をつけて、おとなしくしていようと思ったね。

十八年三月十日に北支に着いた。この日も陸軍記念日だから覚えている。

着いた当日の夜半に非常召集があり、身づくろいをして集まるのだが、鉄帽――今で言うヘルメットだわね――を背中に背負いながら頭に被っていたりで、一人で二つ使うもんだから足りなくなって捜して騒いでいる人がいたり、靴も左右反対に履いたり、ともかくみんなあわててるんだ。夜の街を走らされて、鉄帽やら飯盒《はんごう》のふれあう音がガチャガチャとして、まるでこりゃチンドン屋みたいだと思ったね。初年兵だからこうして急に召集をかけて訓練をしたんだなあ。

軍隊生活というのは、面白いこともあるけどつらいことのほうが多いよ。ともかく生きることに必死だし、気が利かないとつらい目にあう。軍隊内での生存競争が激しいのよ。たとえば、食器は瀬戸物で割れるだろ。割れると自分で調達しなければならない。これがないと食事ができないから、いろんな所から（例えば他の部隊や洗い場から）盗《と》ってくる。それが高じて予備のためにと天井に隠していたら、天井が破れてドッと落ちてきたなんてこともあったよ。

十九年三月、私たちの部隊はビルマに向けて出発。しかし、私は痩せていて体が弱そうに見えたのだろうな。タイのバンコクで軍の通信隊に転属になった。

そしてここで終戦を迎えた。米軍は八月十五日の三日前から敗戦通知のビラを撒いていたので、内地にいる人より私たちのほうが、早く敗戦を知っていたのかもしれない。敗戦ということは即米軍の捕虜になるということなのよ。怖くなかったかって？　いやもう入隊するとき死ぬつもりで兵隊に行くんだから死ぬ覚悟はできていたので、別に恐ろしいという想いはなかったよ。当時はみんなそうだった。

捕虜は働かないと食べれない。道路造りをさせられた。食料は、マンゴーやパパイアなどの果物があったから、デザート付きだな。よかった方だろう。

二十一年五月、米軍の船「リバティー」でバンコクを出発。いよいよ帰国の途についた。六月に浦賀到着。上陸するとすぐにＤＤＴを頭からかけられた。三千円支給され列車で広島まで来た。広島の町は焼け野原だった。不思議なことにここまでは、まだ軍として行動していたんだが、広島で「解散」ということになった。

友達と一緒に列車を乗り継いで鹿児島に着いた。配給があるという話を聞き、伊敷まで行き配給をもらって日豊線で霧島神宮駅に着いた。そこからはバスの替わりにトラックが走っていてトラックに乗った。このとき、初めて「生きていたんだ」という感慨がこみあげてきた。ここに来るまで本当に夢中だったからね。六月二十九日だった。

明くる日は田植えだったことを鮮明に覚えている。きっと「ああ、やっと普通の生活がある」と思ったからだろうね。

今の政治をみても思うけれど、国民はいつも欺《あざむ》かれるようなもんだね。日本のために、国のためにといった想いはどうなるんだろうね。

人間は大地があれば生きていけます

有馬ワカさん（大正2年生まれ）

昔の話や私の苦労など、語ってても絶対わかってはもらえないと思います。でも話してみましょう。

私は小学校を出てすぐ奉公に出ました。女ばかりの四人姉妹の三女でしたが、姉たちは嫁に行っていたので、私が親をみなければいけなかったからです。

小学校に行っていた時も、人の家の子四人の子守をしていました。四軒の子供を受けもっていたのです。朝早く子供を預かり、おぶって学校に行きました。四人の子を交替でおぶっていくのです。オシメもなかったので換えることもできず、ミルクもないので子供は泣きます。教室の外にでてあやすのです。当時は鉛筆なんてなく、石盤に石筆で字をならうのです。勉強なんて充分にできませんでした。

子守で幾らもらったかって？　お金なんてもらえません。食べさせてもらうぐらいでした。弁当もなかったし、学校も一時か二時で終わりでした。

小学校をでて十三歳から十四年間、霧島町や牧園町の農家で奉公しました。最初の家のことはよく覚えています。下男が三人、女中が二人、牛と馬が十二頭いました。当時は下男、女中は米のご飯は食べられず、粟とカライモが主食でした。正月に一度だけ、米のご飯が食べられるのです。

十三歳の子供だったので、やはり家が恋しくて、木に登って見えるはずのない家の方をよく眺めたものです。正月に家に帰った時、父が「どうか？」とたずねたとたん、何も言えずワッーと泣きました。父から「他人の家の飯を食べないと一人前になれない」と言われたことを覚えています。

一年で五十円の給金をもらいました。全部を親に渡しました。だから、着物など作れません。牛馬の世話、山や畑の仕事と、男と同じ仕事でしたので、汚れたり破れたりしますが、着替えがないのです。昔は機《はた》を織って反物を作って着物に仕立てるのですが、それを上手く残してくれて、いろいろな端布で着物を作ってくれました。草履は父がワラで作ってくれました。夜、ご主人や下男の肩を揉んであげたりして、タオルや前掛けをもらいました。

よく働く子だと可愛がられ、ずっと働くように言われましたが、親のいいつけで他家へ変わりました。二年か三年で変わりました。

最初の奉公は幼かったのでつらかったけれど、強く生きていく良い修行だったと思います。

十四年間奉公をし、女ばかりの家なので養子をもらわねばならないということで、親の決めた人と結婚することになりました。娘心に「いい人だな」と思う人もいましたが、親の言う人と結婚するのがあたりまえのことでした。

祝言をしないといけない。でもお金がない。夫と二人で福岡の上山田の三菱の炭鉱に働きにいきました。

私は選炭の仕事で、ベルトで流れてくる石炭の石を採る仕事です。どんどん流れてくるので大きな石を担いで採《と》る大変な力仕事です。一ヵ月に四十三日働きました。一ヵ月は三十日だって？　三交代だったから四十三日分働いたのです。

三年間働き、霧島に帰って祝言を挙げることができました。そんな祝言なんてしなくていいじゃないって？　養子をもらうんだし、祝言を挙げるのは大事なことなのです。

それからまた炭鉱に戻りました。田んぼがどうしてもほしかったのです。

炭鉱の道端のちょっとした土地にも野菜を植え、育てて人にあげました。もともと人に何かしてあげるのが好きな性格だし、野菜をあげると魚を持ってきてくれたり、買わなくてもすむこともあったからです。

四反半の田を買って親にあげました。

八年目に夫に召集が来て、鹿児島に帰ってきました。この時は、叔父の家で出兵祝いをしました。

その後、叔父も父も母も一年に三人が死亡し、その葬式もみんな私が出しました。家もなかったのですが、家を作るより、まず、田や畑を買おうと思い、一町二反の田畑を手にいれました。それから、大阪から来た人がレストランを始めたので、そこを十年間任されました。営林署の仕事もしました。

子供ができなかったので、妹の子と、夫の妹の子を養女にして育て、学校にも出し、嫁にも出しました。昭和五十六年、夫が死亡。

ずっと苦労してきて、九十三歳になった今が一番幸せかもしれません。

私は毎朝、田畑に出ておがみます。

人間は、大地があればしっかり生きていけるのです。汗水たらして働くことです。

大地は必ず、それにこたえて、私たちにいのちを与えてくれます。

人に頼らず、甘えずに

上井ミチエさん（大正11年生まれ）

私は女六人、男二人の八人きょうだいの長女でした。

初めての子供だったからでしょうか、父は小学校一年から四年まで、自転車の後ろに私を乗せて、習字と漢字の先生の所へ連れて行ってくれました。冬なんかは綿入れを着て自転車に乗せてもらいました。

綿入れで思い出すのは、寒い日、先生の家で火鉢にあたっていたら火がうつって、綿入れの袖が焼けたことや、先生から梅をもらったのですが「何だろう？　こんなにおいしいものは！」と思ったのですが、あれは梅酒の梅だったんでしょうね。そんなことを懐かしく思い出します。一対一で教えてもらい、終わるまで父は待っていてくれました。

いま思えば、父は農作業が終わってゆっくりする暇もなく、ご飯を食べるとすぐ連れて行ってくれたのですが、辛抱強くよく続けてくれたと思います。

結婚は親の決めた親戚筋の人でした。会ったこともない人です。夫は一人っ子で両親が亡くなり、おばあさんに育てられて可愛がられていましたので、わがままで難しい人でした。

おばあさんからは、女は身だしなみをきちんとすること、だんなさんを三つ指突いて玄関で「いってらっしゃいませ」と送りだし「おかえりなさいませ」と迎えることを躾けられました。夫の着物の上に自分の着物を入れていたら、パーッとたんすから放り投げられたこともあります。洗濯物もタライから男女別です。干すのも必ず男物は上に干し、女物は下に干さねばなりません。布巾《ふきん》も男用、女用、客用と、みんな決められていました。

忘れられないのは嫁に来てまもなく、袴を畳《たた》めといわれたことです。初めてでしたが何とか上手《うま》く畳めました。紐を前で結び、きちんと畳まなければなりません。これはパスしたんでしょうね。次に紋付の羽織を縫えと反物を持ってこられました。縫ったことがなかったのですが、実家に帰った時、たんすから家のを出してきて研究したりして縫い上げました。後に子供を育てるとき、子供のものは全部縫って育てましたのは、若い時に苦労して縫い物をしたおかげでしょうか。

厳しいというか、意地の悪いおばあさんでしたね。だから私も意地の悪いところがあるかもしれない。その人どうなったかって？　もちろん、私が最期まで看取りました。年をとって痴呆のようになっていましたね。いずれ自分が看てもらうのだからやさしくすればいいのにって？　そんなこと思いもしないし、考えもしなかったと思いますよ。昔の嫁とはそんなものでした。

また、男をたてる、大事にするというのは、男は戦争に行き、戦う兵士だから、国のためになる、国のもの、といった考えが根底にあったからでしょうね。

思えば私は看病ばかりの生活でした。

夫が脳梗塞で倒れて十八年間看病しました。私の父母も八十三歳まで家で介護しました。当時は保険制度も整っていませんでしたので、今思えば、どうして生活してきたかと思うほどです。朝、国分までバイクで働きに行き、田んぼの近くの友達の家に着替えを置かせてもらって、仕事帰りにすぐ着替えて田の仕事をし、暗くなるまで働いたり、三人の子供を育てるのに夢中でした。役場や加治木の（福祉）事務所から病人と老人、子供を抱えているし、生活保護をもらえとの話がありましたが、子供が絶対そんなことをしてほしくないというのでもらわず、そのくせ子供は高校に出してくれと言うので、本当に苦労して出しました。人に頼ったり甘えたりしないで、何でも自分でする習慣が身についていますね。

男手がなかったから、大工仕事も家の修理も何でもできるようになりました。

福岡にいる子供たちが、一人暮らしは心配だからこちらに来るようにと言ってくれたりしますが、自分で生活できるあいだは何とか一人で生活していくつもりです。

貴方と暮らせばカライモも米

中園リツさん（大正14年生まれ）

私は隣の財部町から霧島町にお嫁にきました。二十四歳の時です。

仲人さんが相手を連れて座敷に座っているのを、障子に穴を開けて〝どんな人かな〟と覗き見していました。妹がお茶をだしにいきました。相手は妹が結婚の相手だと思ってすっかり気に入ったのです。祝言をあげて顔をみたら違ってたのでびっくりしたと、今でも夫は言います。妹は美人でしたからね。でも、私も十八くらいの時、外にでるとよく男の人が振り返って私を見てたわねー。

金婚式もすみ、今年で五十四年になります。幸せですねって？　ハハハハハ……

貴方と暮らせば　カライモも米だ

欠けた茶碗も　よか茶碗
石に茶碗を　投げよなござる
わたしゃ　おはんが気にかかる
おはんとはちこや　しょねさにいこや
しょねの萱穂に　米がなる
あーっ　ヨイヨイヨイヤッサ

老健で、何でも五・七・五で作ってみればといわれて、こんな歌を作りました。

年をとる　こころ十八　しらがそめ
きょうは晴れ　ジャガイモ畠芋むしり　おわってのばす　腰の痛さよ
橋の上　腰をおろして　みわたせば　山また山の　山ばかり
あさはやく　ことりさえずり　犬もなく
花あげて　みほとけさまに　手をあわせ

唄と三味線の売れっ子でした

冷水アキさん（大正3年生まれ）

十五歳のとき、目が不自由なひとですが、三味線のとても上手な先生がいて、その人から三味線を習いました。男の人でバチさばきが強くて、とてもいい音がでるのです。本など無く、先生の音を聞き、バチさばきを見て覚えるのです。

目が見えないのにきちんと正座をしていないと、「三味線の音がちがう」といって叱られました。立てないことや声がでなくなることもありましたが、何度かそういうことを通り越すと、何時間でも正座ができるし、声もでるようになるものです。

当時は、おエラさんが来ると、三味線やタイコで駅や旅館で出迎えたり、新築祝い、結婚式、出兵のときなど、三味線やタイコは人気があったのです。

私は三味線だけでなく、弾きながら唄えるし、若い人でそんな芸のできる人はいないのでひっぱりだこでしたね。老松や米山甚句《じんく》、長唄やハンヤ節、その頃のはやり唄、いろんな唄を歌い弾きました。「アキさんが三味線を弾くと、自然に体が動いてくる」って踊ったことのない人でも踊ってくれたり、楽しく賑やかでした。

二十歳のとき、親の決めた人と結婚しましたが、その人は唄も歌わない人でした。結婚後もやっぱり三味線と唄を乞われて出ていったりしました。畑仕事をしていると、ハイヤーで迎えに来たりするのです。

プロですね。沢山稼いだかって？　そんな意識はなかったです。お金もそんなにもらわなかった。みんなが喜んでくれるのがうれしかったし、唄や三味線がやっぱり好きだったんでしょうね。今は右手が悪くて痛くて三味線が弾けないけれど、リハビリをして、また、三味線と唄を披露しましょうかね。

生きている……それだけで有難い

塩川末高さん（大正8年生まれ）

私は八十四歳になりますが、神様の助けというか寿命というか、よく生きてきたなと思います。というのは、私は男女八人きょうだいの末ッ子、母が五十二歳の時の子ですが、戦争で同世代の戦友が、たくさん死んでいます。

いまは本当に良い時代で、こんな世の中がくるとは夢にも思いませんでした。夫婦そろって家で生活し、老健のデイケアにはもう十年ものあいだお世話になっています。つくづく平和な時代を有難いと思います。生きている――それだけで有難いことです。

昔は青年学校に行ってました。青年学校は、午前中は学科、午後は軍事訓練をします。二十一歳の時、徴兵検査を受け、二十二歳の五月に入隊となりました。三ヵ月で一期の検閲を終え、中支へ出征となりました。

連隊全員の見送りを受け、照国神社へお参りをして、軍用列車で長崎へ。それから軍用船で上海へ。揚子江を船で上り、南京に上陸。それから漢水という支流を上って砂陽鎮というところに上陸し、そこから行軍で五十里くらいの所の応城というところに師団司令部がありました。ここから、今度は分かれて私は三里くらい奥の有菌部隊に配属となりました。

私は連隊砲で、大砲の係でした。一つの大砲に四～五人の係りがつき、深い山に入るときなどは、砲を分解して馬で運ばねばなりません。一番苦労する部隊ではなかったでしょうか。

野戦教育を一ヵ月受け、いよいよ陣地に配属になります。二ヵ月か三ヵ月おきぐらいに実戦が始まります。ほとんど山間戦が多く、大別山脈や大鉱山脈という高い山また山でした。砲は分解して、大きな日本馬六頭を、駄載して運ぶのです。山を登るときは、被力搬送でかつぎ、上ってから駄載し、下るときは、人間は馬の尻尾にぶら下がったりしてずりおちて下りました。昼も夜も行軍です。

雨の降る晩などに、クリークの狭い土手などで馬がひっくり返ったりすると、馬があわてだして次から次へと重なって落ちたりで、馬の頭が水につかり、耳に水が入ったりするといけないですから、頭を差し上げ荷物を下ろしたりします。みな疲れ果て、あごを出しての行軍でしたが、戦闘が始まると、いっぺんに目が覚めて気合が入ります。

　急いで砲を組み立て、発砲しながら照準を合わせなければ間にあいません。敵の機関銃は水冷式で何十発でも撃てますが、日本のは空冷式で一度に三十発しか撃てません。目の前でパチパチと稲妻のように弾丸が破裂するのです。

　こんなときは、千人針が頼りでした。千人針は「武運長久」と字になっているところを一針、一針ぬってあり、それをお腹に巻いているのですが、お守りとして頼りになりました。それこそ、弾をくぐり抜けるという感じです。なんとか生きのびたいと、もう夢中でした。

　敵の陣地を前もって包囲し、歩兵計器、重機、速射砲、大隊砲、連隊砲、野砲、重流と取り巻いて、夜明けがた、司令部が丘の上から信号灯を上げるとともに、いっせいに射撃が始まります。華々しい戦いでした。山の頂が噴火したように見えます。

　しばらく続き、小銃隊が山の八合目くらいに到着しますと射撃が中止され、山の上で日章旗が振られます。突入して、壕の中から敵を追い出し、出てくるのを小隊長が斬り、寒いなか沸騰した湯気がたつように血がふき出たり、十三人目ぐらいで、刀の刃が欠けてしまったりと、戦争は残酷なものです。

　中国では勝ち戦さだったと思います。日本の兵隊は強く、負けるとか逃げるとかは決してしなかったです。平原を行く時は、今日も明日も同じような平野を歩きます。休憩はありますが、人間よりもまず馬です。水をさがして馬に飲ませ、ご飯を炊く間もありません。炊け始めたご飯の汁を捨て、次の休憩のとき生米を食べるといった風でした。水も、人家の庭に掘った虫のわいた水を飲んだりもしました。征露丸を飲んでいました（征露は露亜《ロシア》を征服するという意味。現在は「正露丸」に改称）。皆、あごを出しての行軍でした。

敵陣に着き、銃声が聞こえだすと、いっぺんに気合が入ります。一度、夜、ひっくり返っていたら、いつのまにか疲れて眠ってしまっていて、もうちょっとで敵地でおいてきぼりになるところでした。こうした戦いが終り、駐屯地へ帰ると会食です。そうして、また戦いへと、このようなくり返しでした。

中国に三年いて、いよいよ内地帰還ということで、昭和十八年の春、漢口まで帰ってきたところ、また宜章《ぎしょう》作戦が始まったとのことで、部隊へ引き返すようにとの命令があり、宜章まで行軍で登っていきました。戦いが終り、八月ごろいよいよ除隊となり、帰郷しました。

故郷に帰って、畳の上で寝たときは本当にホッとしました。しかし、十二月にまた召集がきて、入隊となりました。私たち、歩兵砲中隊から三名が原隊勤務となり、ほかの人は硫黄島へ行きました。知覧特攻隊警備に行き、陣地構築や見送りなどをしました。特攻隊を見送るときは、青竹を軍刀でスパッと切り、竹に酒を注ぎ、別れの盃を交わすのです。ところが、また護南部隊が編成され、枕崎へ行き、立神山の上に速射砲をあげました。ここで終戦を迎えました。いま思えば、あのとき硫黄島に行っていたら、玉砕で生きていなかったと思います。いまでは、外地で実戦に参加した人は、霧島町に二人しかいないと思います。戦友たちの冥福を祈ります。

商売が好き

沼田エキさん（大正7年生まれ）

私は宝塚で履き物屋をしてました。

髪はいつも長くのばして、髷《まげ》をつくってた。一日おきに美容院に行き、結《ゆ》うてもらうんや。

いつも着物きて、店に出るときは、きちんとしとかなあかん。

朝五時に起きて、犬二匹を連れて散歩して、七時に帰って着物に着替え、店を掃除する。毎朝、玄関には水をまき、植木の鉢を並べ、道行く人が楽しみ、目に止まるようにしてたねえ。

商売のコツは挨拶をいつもして、知り合いが前を通ったら声をかけ「ちょっとよっていき」とお茶なんか出して世間話などする。するとサンダルとか何か買っていってくれたりするんや。やわらかい口調と愛想よくすること。これは店の人にも教育せなあかん。介護施設でもいっしょやで。施設長、ちゃんと教育しいや。

「上からしょんべんかけられても、ああ、冷たいなあ！　とにこやかな顔していられるぐらいでないと商売はできない」と主人はよう言うてはった。あっ、主人は靴職人やってん。

昔は靴は注文で、その人の足に合った靴を作らなあかん。主人は宝塚歌劇に入ってて、「沼田のクツ」と評判やった。日本人は横幅が広いから合う靴がない。その人の足型を取って、皮を買ってきて、その形を裁ち師に切ってもらう。ミシンで縫って、靴一足作るのは大変なんや。ちゃんと合うやろかと収めるまで心配で心配で、具合が好いといわれたときは本当にホッとするし、嬉しいもんです。おかげで返品されたことはなかった。私もしたくて「教えて」といったけど「女はそんなことせんでええ」といわれて教えてくれんかった。

主人が死んでも店を続けた。靴の修理なんか一反風呂敷に靴を入れて抱えて、宝塚から山本まで行くんやけど、自分はお洒落《しゃれ》やから大きな風呂敷しょって電車に乗るのは恥かしかったよ。修理の人のすること見て覚えて、ハイヒールの修理なんかできるようになった。だから、今でも何でもできると思ってる。

問屋に仕入れに行くんやけど、昼は店があるから夜、店を閉めてから仕入れに行った。十時頃の時もあった。デザインをみたり、履きやすそうだとか売れそうだとか、いろいろ考えて仕入れなあかんから時間がかかる。

商売は難しいけど好きや。おもしろい。何がって？　そら人に喜んでもらえるってうれしいやろ。それにほんのちょっとの違いで、商売は成功したり失敗したりする。

私の夢は、早く元気になって商売することや。もうすぐ八十五歳になるのにって…？年齢なんて関係ない。まだまだやれると思うよ。

たこ焼き屋をしたいんや。たこ焼きはダシが大切なんや。粉を捏《こ》ねるとき、おいしいだし汁で捏ねる。昆布と鰹節《かつおぶし》のだしや。それからタコも生きたのを買ってきて、塩で何度も何度もヌメリをとり茹《ゆ》でるとおいしい。それを入れて焼く。高くつくだろうって？　商売は儲けること考えたらあかん。人が五十円儲けたら三十円でいいと思わなあかん。充分に材料を使っても利益はでると思うよ。小さな間口のところで、できるやろ。おいしいたこ焼き作って、みんなに喜んでもらって、自分もうれしい。そして幾らかお金も儲けられる。眠れないときそんなことを考えるんや。

商売したいなあ。なあ、あんた、一緒にせえへんか？

縁とは不思議なもの

上村サダ子さん（大正14年生まれ）

昭和二十三年、二十三歳のとき結婚しました。会ったことも見たこともない人でした。夜、仲人さんが話をもってきて、もうその晩に相手のところに連れていかれました。気持ちが変わったらいけないということだったのでしょう。

それまでずっと家にいて、父の仕事、農業を手伝っていました。戦争中で男手がなく牛、馬を使って田を耕すのですが、牛馬を使うと気が荒くなります。ずっと家にいて他の地に行ったことがありません。他人のご飯を食べたことがないし、すぐ近くの町にお嫁に行ったので井の中の蛙《かわず》です。

夫は佐世保で終戦を迎え、復員してきた人で、焼酎を飲みますが、森林組合に勤め、仕事はよくする人でした。子供も四人でき、私は力仕事しかできないので、土木作業をして、家計を助けました。林田ホテルができる時は九階までコンクリートを運んだり、鹿児島市の西郷団地まで朝早くから夜遅くまで地面を平らにする作業をしました。

都城市からは二時間ぐらいかかる現場でした。一日二千円ぐらいもらったけど、今から三十年ほど前だから、良い収入だったです。肝臓を手術したり、胆のうを手術したり、腰が痛かったりと体も弱ってしまったけれど、いま、夫と二人で助け合って生活しています。

会ったこともない人と一晩で話がまとまり、嫁にいったけれど、夫が入院したりすると不安で寂しいし、何十年と頼り頼られ生活しているのだから、縁があったのでしょう。

愛国教育の落とし子――特攻隊志願を問われ全員が手を上げた

中村昇さん（昭和2年生まれ）

昭和十九年七月、福岡県大刃洗飛行場から、陸軍九七式重爆軍機に乗せられ台湾へ向かう。大刃洗陸軍飛行学校で「ユングマン」というドイツの初級練習機で、基本操縦過程を終えた陸軍少年飛行歩兵第十五期・乙の百四十名の一員としてだった。

大刃洗で訓練を受けた同期生は二百数十名いたが、百名近くが朝鮮や内地などの任地に着いていた。私が台湾に赴いたときは十七歳であった。台湾の新高山を越え、嘉義の飛行場に着陸し、汽車で高雄を経由して屏東飛行場に着いた。

いよいよ、実戦機九七式の操縦訓練が始まるのだと思えば、戦闘機乗りの誇りと「米英撃ちてし止《や》まん」の気概があふれてくるのを禁ずることができなかった。空に憧れ、空を飛ぶことを夢に見て、少年飛行兵を志願したのだ。しかし、私たち昭和生れの同期生の頃は、従来の教育訓練期間の半分で、とにかく操縦技術の早期修得をねらった、いわゆる、インスタントパイロットの養成であった。初期の生徒隊時代に気合を入れ、ハッパをかけられるときに、しばしば「消耗機」という言葉を耳にした。消耗品ということばもここからでた言葉だと自分は思う。

戦況は「勝利の確信」を植えつける報道で、不利な戦局になっているとは考えられなかった。昭和一ケタの教育のなかで「忠君愛国」「忠孝一如」をたたきこまれた頭の中では「不敗の日本」があり「神国日本」があった。一日でも早く戦闘機操縦者としての技を身につけ、国のために死ぬことを恐れず、疑いもしなかった。

私は、まず甘木生徒隊に入隊したのだが、ここでは宮下士義中尉、戸田少尉、長井関芳信軍曹と、それぞれ個性豊かな熱情あふれる教官に恵まれた。生徒隊での半年間、軍隊の右も左もわからない少年は、陸軍操縦者としての土台をここで植えつけられたことになる。

生徒隊二千名がいたが、私は二百三名の九中隊に属していて、この中隊が上級校として大刀洗本校に行くことになるのである。大刀洗本校では吉池庄三伍長、種子田見習士官のお世話になり、特に吉池伍長は、戦闘勤務を経てきた強者で、二十歳そこそこの元気な教官であった。「基準をつかめ」「基準を忘れるな」と言われたことが今でも甦える。

単独飛行までの基礎を短時間で修得させせた指導力は、教官の技術の高さであると思い知らされるものがあった。

こうして、台湾屏東で、実戦部隊としての訓練につくことになった。今度は練習機ではなく、実戦用の九七式戦闘機での訓練である。一人乗りのため、操縦席の後の背当板を外し、後に教官が乗る。これも即戦養成の必要があみ出した初めての試みではなかっただろうか。この訓練中に同期の小川武竜は、後に乗っていた指導教官押川軍曹とともに屏東上空で、キリモミ状態で殉死するということもあった。

この頃、名パイロットとして名をはせた田形竹尾准尉の「戦技心得」について指導をうけた。屏東から北港時代にかけて指導を受けた先輩の面影が、半世紀を経た今日でもいきいきと甦るのは、それだけ心身に受けた徳育が大きかったからだと思う。屏東での訓練生は百四十名であったが、そこから北港に移り錬成訓練を受けたときは百二十五名となっていた。北港では、敵機「グラマン」三十六機と、わが飛燕（三式戦）二機の空中戦が展開された。我が教官の田形准尉と真戸原軍曹である。

即戦養成とはいえ、台湾から特攻隊として沖縄に散った同期生は、一式（隼）、三式（飛燕）、四式（迅風）と、みごとに操縦し、期待に応えている。特攻隊員として最も若く、清純の姿で国の期待に立派に応えたのであり、同期の誇りであり、今でも尊敬してやまない。

特攻隊で思い出すのが、兵舎の前に全員集合の下命があり、特攻隊志願を問われたときのことである。全員が手を上げ、我れ先にと意思表示をした。いま思えば、志願を聞かれたのは形式上の意思確認だったと思われる。すでに名簿は組まれていたと思うが、初出陣は昭和二十年四月一日で、二十一名の命が空に散った。

昭和二十年八月十五日、北港にて停戦を知る。その後、何をするでもなくいたが、十月に台中飛行場に九十七機を備えて、台湾軍人の訓練に参加せよとの司令で、台中に八名で移動した。

台中では、台湾の軍人に搭乗訓練の指導に行ったのだが、相手は日本語ペラペラであり、適当なものであった。あとになってわかったのだが、蒋介石の軍だったようだ。昭和二十一年正月を迎えたときは、何の変化もなく、一部の将校が血気にはやり、暴動をおこし、服毒自殺で亡くなるという事件もあった。昭和二十一年二月二日、台北の司団司令部に移動せよとの下命があり、基陸港から貨物船に乗せられ、二月二十七日に鹿児島港に上陸し、即日、現役満期除隊となる。十九歳であった。

青春は大空に燃えつき、終わっていた。

元気の秘訣は働くこと

安栖フミさん（大正8年生まれ）

小学校一年生の教科書は「はな　はと　まめ　ます　かさ　からすがいます　すずめがいます　でんでんむしむし　かたつむり　つのだせ　やりだせ　めだまだせ」でした。当時は電気がなくて、ことぼしというランプの小さいのや、蝋燭《ろうそく》の火で勉強したものです。

修身の時間には神武天皇から百二十五の天皇の名を暗記しました。私は尋常高等小学校を六年間、高等科を二年間、裁縫学校を三年間の十一年間を皆勤で通し、当時霧島町は東園山町といったのですが、そこの村長さんから表彰されました。私の子供六人も孫も小中学校九年間、皆勤賞をもらったので、三代にわたり皆勤賞をもらったことになります。

十九歳からお嫁にいく二十三歳まで製材所で働きました。山を越えると一時間ほどかかるので線路を歩いて通いました。職場の近くに精米所があったので、月に何度か仕事に行くときに一表の米をかついでいきます。ある時、途中にトンネルがあるのですが、一番列車は七時で、私がトンネルを通るのは六時半頃なのに、臨時列車が来たのです。びっくりしてトンネルに張りつきました。「南無阿弥陀仏、南無阿弥陀仏」と祈りました。背中の米俵のすぐ傍を、ゴーッと列車が走り、本当に恐ろしかった。蒸気機関車なので顔は真っ黒になります。汽車といえば、その頃は石炭の火が線路脇の枯れ草などに飛び火して山火事が起こったりしたもんですよ。

退職金で鏡台を買いました。二十五円でした。その鏡台は今も使っています。たんすは作ってもらいました。二十円でした。これも今も使っています。嫁入り道具です。

昭和十七年、鉄道に勤めている人と結婚しました。そうそう、結婚式で丸髷《まげ》を結ったのは、村ではわたしが初めてでした。収入は月給が四十五円と家族手当が二円の計四十七円、家賃は五円でした。二十四歳のとき、家の前の川の工事が始まって、石垣を造るための石を運ぶ仕事を手伝いました。一日一円七十五銭でした。

でんぷん工場に十二年間、それと同時に朝と夜、鉄道官舎の豚の生産でも十二年間働き、霧島ハイツで十年間働きました。朝四時半に行き、朝、昼、晩三十八人分の食事を一人で作って六時半まで厨房で働き、夜は布団敷きの仕事をして、家に帰るのは十時半頃でした。

子供を六人育て、もちろん、夫の世話もちゃんとしましたよ。六十歳の定年まで働き、労災病院で十二年間七十二歳まで付き添い婦をして働きました。今もお手玉を数百個作ったり、雑巾を二百枚も縫って学校や施設に寄付したりしています。働くことは人のためにもなるし、自分のためにもなる。元気の秘訣です。

九十歳になってもやっぱりお父さんが好き！

松山松重さん（大正元年生まれ）

私がこんなに長生きできるなんて不思議な気がします。なぜなら二十一歳のとき胸を患い、長くは生きられないと思ったからです。私は若松の病院で調理の仕事をしていました。ある日突然、喀血し、勤めていた病院で十ヵ月療養しました。その時、「もしここで亡くなったら父がどんなに悲しむだろう、同じ死ぬなら家に帰って死にたい、途中で死んでもいい」と覚悟して、一人で列車に乗り鹿児島に帰りました。

私の働いていた病院の院長先生は気胸の専門家だったので、療養についてはよく教えてくれました。「六年間は何もしてはいけない。庭を掃くような軽い仕事もしてはいけない」と言われたのですが、父は本当に六年間、私に何もさせませんでした。

その頃、すでに母は亡くなっていましたし、妹は満州に嫁いでいましたし、弟は中学生でした。ですから何から何まで全部、父がしてくれたのです。今思っても、本当に父はよくしてくれたと思います。ただ、ただ、ゆっくり安静にするようにと、何でもしてくれ、私には何もさせませんでしたから。こんなに長生きできたのは、父のおかげ、父の授けてくれた命だと思います。

父は母を亡くしてからは「いい人がいる」と再婚を勧められても「子供がいるから」とずっと一人を貫きました。私たちのために後妻ももらわず、淋しかったのではないだろうか、それでよかったのだろうかと、いま思う時があります。

のちに家が火事になって何もかも焼けてしまったのですが、父の古い写真がなんとか二枚残ったのです。その引き出しに入っています。この軍服姿の人が父です。父は軍人で金鵄勲章ももらいました。軍隊のラッパを吹いていて、音楽が好きで歌の上手な人でした。私が今でも歌が好きなのは、父に似ているからでしょうか。私の娘も歌が上手って? そうですか。音楽の好きな血筋かもしれませんね。

歯も丈夫で一本も欠けていませんでした。本当にやさしい、やさしい人で、今でも毎日、この写真を出して父に「ありがとう」って言っています。なんだか写真を見ただけで気持ちがなごむのです。

九十歳になっても「お父さんが大好き」って娘に言ってもらえるなんて、父親冥利につきるって？　そうでしょうか。でも、私は本当に、お父さんが大好き！　です。

ああ、それから私がこうして長生きできるのは、治療してくださった病院の先生のおかげ、介護してくださっている施設のみなさんのおかげと、感謝の念にたえません。これだけは、私の言葉として忘れないでくださいね。

農業では人に負けない自信があります

山口フミさん（大正15年生まれ）

何を書いているのかって？　日記です。毎日、日記を書いています。昔は書いていませんでしたよ。忙しかったから。手紙も書けなかったぐらいです。今は暇があるし、すぐに忘れてしまうので書いています。

私は百姓の生まれですから、母は学校もでていなかったので、「女は筆で生活できない。農家の子は農業で生活をしないといけないから学問はいらない」と小学校六年まででいいと言われました。後に私が鐘紡の紡績に働きに行き、手紙を出しますと、人に読んでもらわなければならないし、返事も書けないので、「女も勉強しないといけない」と言うようになっていましたけど。女は裁縫は必要だというので、裁縫は習いにいきました。

小学校を卒業してから、大阪東淀川の鐘紡の会社に働きにいきました。糸を作る仕事でした。上手になったら機《はた》を沢山受け持ったりするのですが、ご覧のように私は体が小さいし、まだ子供だったので、手伝いのようなことをしていました。ただ、小さいのに着物が縫えるというのでびっくりされましたね。

貧乏でした。嫁に行くときはやはりタンスや鏡台など嫁入り道具が必要なので、姉が嫁に行く時はお金を送りました。親も姉もとても喜んでくれました。しばらく大阪にいて、こちらに帰って来ました。

私の手を見てください。指にこんなにタコができているでしょう。農業をしたからです。農家の仕事では人に負けない自信があります。でも、いろいろ苦労しました。

今は農業用水が整っていますが、昔は水で苦労しました。私の田は水のない場所で、川から水を引かねばなりません。お金をつぎこんで発電機を据え付けたりしましたが、途中で水が漏れて止まったり、三段上の田が干からびたり、川にのりがでて水がよくなかったり、雨が降れば泥水が流れ込むので、雨降りのときは夜中でも田に行って水をはかせたり……水が良くないと良い稲は育ちませんからね。

農業だけでなく、苗木を植えて山も育てました。下払いをしないと木が育たないので、下払いもしました。今、どうなっているのでしょうね。子供が女の子ばかりで跡をつぐ男の子がいないので残念です。主人は郵便配達をしていました。当時は歩いてしていたので、草履がすぐダメになり、自分で作っていました。

主人が郵便配達をしていたので私たちは現金収入があったほうかもしれません。今、年金もあるし、農業だけなら大変だったかもしれません。夫は明治三十六年生まれだから幾つになったのでしょうか？　家に一人で暮らしています。娘たちが世話をしていますが、私も早く元気になって帰らないと……。

亡夫に捧げる

菅マシさん（大正14年生まれ）

あるじなきはなももの木のあざやかに実いっぱいつけ人の足止む

身の痛み夫亡き傷み幾年も人情にふれ笑み取り戻す日々

そよ風に揺れて落ちゆくつぶらな実紅き山桃籠に集めぬ

十七回忌記念品届く庭先で在りし日の夫草木と語る

私は串良の人間ですが、二十代のときから二十一年間、奈良の国立西奈良病院で看護助手をしていました。筋ジストロフィーの患者さんの世話でしたから、とても体力がいりました。そこで知り合った人と結婚しました。夫は愛媛の人で、大工の棟梁をしていました。

夫は温泉と霧島の自然が気に入って、牧園で老後を過ごそうと家を建てたのです。私は病院の院長先生が定年まで働いてほしいというので、夫と三年間別居しました。その間、食事が悪かったのでしょうか。夫は糖尿病になり、死にました。

私は子供がいないので一人です。歩行も不自由で車椅子の生活ですが、できるだけ自宅での生活を頑張って続けていきたいです。

ほこり高き、木こりの日々

児玉眩吉さん（大正15年生まれ）

私は若い頃は尼崎で働いていましたが、その後霧島に帰り、何か仕事はないかと思っていましたところ知人の紹介で、山で木を切る仕事があるということで木こりになりました。

当時は、軽トラックもありませんから、山の登り口までバイクで行き、そこから先は歩いて山に入りました。初めの頃は慣れない仕事で、のこぎりで木を切るのも容易ではなく、木が倒れる前の最後の斧入れは、やはりこわい思いをしたものです。

やがて仕事にも慣れ、経験を積むにしたがい、私の切り出す木は、切り口のきれいな大きな材木として認められるようになりました。私もそれが誇りとなり、毎日精を出して木を切ったものです。

切り出した木は、鮫島さんたちが運び出して町へと運ばれていきました。

時おり、子供たちが冗談で木こり仕事をからかったりすると、「私はこの腕一本でおまえたちを大きくしてきたんだからね」と言ったものです。

おかげさまで、我が家を建てることもでき、子供たちも成人して孫もたくさんいますが、不自由な体になってとても残念な思いをしています。時には、情けなくなって、自分の生命について考えたりすることもありました。

でも、こうして大勢の人たちと交わり、一生懸命お世話して下さる方やリハビリに励む方たちをみていると、まだまだ頑張らなければと思います。

終戦の年に満州へ

濱田　篤さん（昭和2年生まれ）

私は昭和二十年三月、国分商業学校を卒業（当時満十七歳）と同時に満州国国際運輸ＫＫからの就職通知が届けられていて、四月中旬に満州に行くことになりました。

下関に集合しましたが変更になり、博多港より出帆することになります。これから釜山経由で、大連に向かうことになります。奉天（今の瀋陽）に着くまでの間は、お茶もなければ、各駅の水も飲むことを禁止されており、大変困りました。朝鮮を通過するまでの間をとても長く感じました。

でも奉天につき、水もいっぱい飲めたし、ホッとしました。いよいよ奉天から大連に向かいますが、自由でくつろぎがあり、いつの間にか大連についておりました。大連につくと、しばらくして行動予定が発表され、「明日から二週間の研修を受けた後、任地を決定し就任することとなる」との説明がありました。その通り研修期間を終えた翌日、任地を決定され、私は牡丹江支社に赴任することとなり、決定された翌日、牡丹江に向かいます。

途中車窓から眺めていますと、撫順の炭鉱が見えてきました。ここは聞かされた通りの露天掘りであることが確かめられました。石炭も良質で、無煙炭といって蒸気機関車の燃料に使われているが煙はでないとのことでした。その黒ダイヤがピカピカ光っているのが印象的でした。次に鞍山に着きました。ここは、鉄鉱の山です。今にも転げ落ちてきそうな鉄鉱のかたまりがとても印象的でした。

だいぶん列車が走った頃、速度をゆるめ、ついに広野の真只中に停車しました。何事かとふしぎに思い聞いて見ると、トイレ休憩ということで、さすが、大陸的だなあと思いました。

そんな時から何時間が経過して、目的地の牡丹江に到着しました。

まずびっくりしたのは駅から前方に幅五〇～六〇メートル位と思われる舗装道路（当時太平路と呼ばれていました）が何千メートルか続いていることでした。電話も、すでにダイヤル式が使われているのも、今になって驚きです。

私にとっては、そんな良い満州はつかの間、八月九日ソ連が参戦し、同時に空襲も受けるようになり、牡丹江はソ連との国境にも近いので、ソ連軍が侵入してくるということで、大部分の市民は南下しました。私たちは在郷軍人として召集を受け、奥地から避難して来る人々の救護にあたります。その人々も全部南下を終ったので、間近に迫ってくる侵入軍の到達前に（八月十三日夜）、次の駅海林《ハイリン》まで（夜行軍）、翌朝最終列車でハルビンまで南下しました。

到着した翌朝終戦になったことを聞かされました（玉音放送は聞いていない）。ハルビンに来て一週間たった朝、水汲みしていると、若い者はすぐ家に集まれということで、行って見ると武装した軍人（ソ連軍）がいて、公園みたいなところに連行され、服装検査を受けました。それが終って、日本軍の部隊跡に収容され、収容所生活が始まるが、労働はなく、ただ食が充分でなかったことがきつかった。

収容所はほとんど部隊跡だったが、何ヵ所も転々と変わりました。そのつど夜は歩き続けました。昼間は、着いたところで休んだ。もっぱら食糧確保に周辺の畑からトウモロコシ、ジャガイモを取ってくることをくり返し、とうとう牡丹江にたどり着き、ここで九月末までいて収容を解除され、ハルビンに帰るが、その足で新京（今の長春）まで南下し、ここに落ち着くこととなります。

零下何十度の冬の訪れで、待ち受けていたのは病気でした。シラミがどんどんわき、発疹チフスで命を失う者が限りなくでました。私も真先に倒れ、四〇度前後の熱が一週間以上も続き、どこにどうしているのかわからないような状態でしたが、何とか元気になれて皆の看病をすることになり、幾人かは野辺に送りました。千人墓地といわれた日本人墓地も空はなく埋められました。

こうした苦難の時も過ぎ、栗まんじゅう売りやカレーライス店などをしているとき、自転車のホークを作る工場で働かないかと声がかかり、働くことになりましたが、飛行場造成の出役命令が軍から来て炎天下重労働、ここで知覧が第二の故郷という軍人とも出会う。出役も五ヵ月位経ってから、いよいよ帰国命令も出て、コロ島に向かいました。

途中、錦洲城址をまのあたりにすることができました。乃木大将が斜陽に立ったと思える夕映えの時でした。間もなく来船待機の収容所まで行き、ここで一週間ほど乗船の時を待ち、引揚船に乗船して佐世保港に到着、ここに上陸する予定でしたが、朝鮮へ引き揚げる人がいっぱいで上陸できず、船上で一週間ほど過ごした後、広島の大竹港に行き、ここに上陸しました。船中でも食は充分でなく、明けるも暮れるも食べることの話だけでした。

家に帰った時は稲刈りの真最中。昭和二十一年十月二十日の昼下りでした。……一夜明けて、「足がついていてよかった」と言った母の一言が忘れられません。

若いときは、どこそこ行けばいい

枦《はし》田《た》マツ子さん（大正13年生まれ）

私は十七から十八の時、大江絹糸で働きました。琵琶湖の近くで、赤松林が続いて美しいところでした。お正月には彦根城でかがり火が焚かれてきれいでした。「かがり火焚いて　ひと踊り」なんて歌を唄って踊ったりしました。

私はよく働くので褒《ほ》められました。

いろんなことがあったけど楽しかったし、おもしろかった。

若いときはどこそこ行けばいいのよ。年取ったらどこにも行けない。

老健に入所している、今は車椅子の夫も、昔は東京に働きに行ってたのよ。東京タワーを作ったんだから。

本当に年をとったらどこにも行けないものね。

炭焼きの話

野崎貞吉さん（大正2年生まれ）

山で炭を焼いていた。樫《かし》の木で一番良い炭ができる。あまり小さい木は駄目、五年から十年たった木でないと駄目。どうして作るのかって？　そら、釜で焼くのよ。釜は土で作る。自分で作るのかって？　そりゃそうよ。何でも自分で作るのよ。

釜は幅一四〜一五尺、長さ一八尺ぐらいで、一度に百本くらいの木をいれて焼く。一度に百本くらいの炭を作らないと商売にならない。

火をつける。一二〇度から一三〇度まで温度を上げて、大体八〇度くらいの温度にしておく。風の具合をみて煙突で調整し、一週間から十日間、火をつけたままにしておく。火がしっかりつけば大丈夫。

焼けたら出してきて、それを切って炭俵に詰める。よい炭はきれいな姿をしている。

木をきれいな炭の形にするにはコツがいるのよ。

営林署の山の木を払い下げてもらって作っていた。山を持っているのかって？　山は国のものよ。木だけを借りて炭にするのよ。山の近くに釜を作るのだけれど、炭を山から出すのに道がないといけない。だから道も作った。そこを馬車でふもとの道路まで持っていって仲買人に売る。できた炭を置いておくと湿気がくる。保管場所がいる。

木を切って炭を出すまで二十日間くらいかかる。年に八回くらい焼いていた。米は年一回だから農業より収入はいい。だけど炭は使われなくなったから農業に変えた。

おもしろかったかって？　おもしろいも何も、仕事だからね。何でもせなならん。それに国から払い下げてもらった木だから、一俵でも多く炭を作らないといけない。そうだろう？

父は西南戦争に行った人です

小川ツマさん（明治42年生まれ）

あたや男二人女六人の兄弟の、下から二番目ごあすとお。八人兄弟はずんばいおいもんごあした。あたいも九十五歳にないもして、妹と二人しか残っちゃおいもはんが、みんな健康で長生きをしつ八十、九十代で上から順に亡くないもんした。特別な健康法なんかしたはずじゃごあはんどん、子供の時から酢のもんが好きごあんして、お酢もよかったのかなあと、この頃思いかたごあんす。

そん頃、父さんは村長をしておいもした。そん頃は村長は名誉職で、給料はスズメの涙ち言《ゆ》いちょいもした。姉が師範を出つ先生になつ、もろた給料よっか少つねごあして、「お前い、こげん給料をもたあったらしか」と父が言《ゆ》いもうして、みな、笑たごつ、ごあした。

父は教育熱心で、女の子でも高等教育を受けねばとみな教育をうけもした。他の家の女の子でもよく出来る子がいると聞つもすと、「学校に出せっあぐごっあっどんねえ」と言《ゆ》いちょいもした。兄は加治木中学校の一期か二期の卒業で、一高、東大をでて、大蔵省に入り、戦前大臣の椅子が決まり、大命降下の夜、軍部の反対に負けて役所を止めもした。八十歳で亡くなりました。そのころ八十歳は長命の方もした。

そうそう、父は十六歳の時に家に隠れっせえ、西郷さんの「若いもんは行くのは止めい」との言葉もきかんで西南戦争に行ったとじゃっつもさ。戦《いくさ》に負けっつ、にげつ帰る途中ん熊本の川を渡い時、泳ぎきらず死んだ人が多けかったち、言《ゆ》いちょいもした。父は松永の河で毎日泳えちょったもんで、負傷した人を一人かかえっせえ泳ぎきって、やっともどいがなった。お酒を飲めば昔の話なんどしっくれもした。かねちゃ、とても厳しか人で躾もきびしゅして怖いもんごあした。背丈も大きく、頑丈で髭をはやし、いつも着物を着て袴でごあした。姉が学校で習った賛美歌を歌っていたら「耶蘇《やそ》の歌を歌うな」といって叱られたこともごあした。

飲めば面白い方で、父が飲んでもどっくれば嬉しもんごあした。

そいから、今も思ちょっとごあんどん、家の後ろの空地にめずらしか果物がいろいろ植えつごあした。どこから苗木を求めたもんか、大きな梨やネーブルの木が二～三本。

柿、きんかん、お正月にはつるし柿がうれしもんごあした。
私は父を大正十二年に失って、その三年後に母も亡くないもした。親のないことは本当に淋しいものでした。だから神社やお寺に行くと、いつも、「子供たちが成人するまでは生かさしてください」とお願いしたもんでごあした。九十過ぎまで生かさしてもろて、あんまいお願いが効きっすぎたのごあんそかなあ……。ありがたけこつごあんす。

生きていることの喜びしみじみと味わう朝のお茶のひととき

なつかしきヴァタビアの街の香り

松下フミさん（明治39年生まれ）

二十一歳の時、六ヵ月の子供を連れて、夫とともにインドネシア（当時はジャヴァと言っていた）に行きました。三井、三菱の会社や銀行が進出して、外務省と文部省により、日本人学校開設の要請があり、教師だった夫が請われたからです。

貨物船をかねた船で、二十九日間かかりました。しかし、日本を出航するのに一週間ほどかかりました。神戸から大分でセメントを積み、下関で水や日用品を、唐津で石炭を積み、やっと日本を離れました。まず、香港に着き、そこに三日間いました。港で、黒人の警官が立っているのが目に入り、驚きましたね。香港は英国領でしたからね。山の上までみごとに舗装されていたのにも驚きました。嵐に遭ったりしながらインドネシアのヴァタビア（ジャカルタ）近郊に着き、ボートでヴァタビアに行きました。

馬車で、ヴァタビアの市内観光をしました。馬車といっても、ロバのような可愛い馬二頭で、鈴をいっぱいつけて、異国情緒あふれる風景でした。今も思い出す夢のようななつかしい風景です。

ヴァタビアは美しい街でした。とくに街の臭い――いろんな臭いが混じり、独特の香りをかもし出しているのです。ランなど香りの強い花がいっぱいありますし、果実の香り、ヤシ油、香辛料などの混じった街の臭いのなつかしさ……。

夫は、スラバヤという町で日本人学校を開校しました。オランダ領だったので、整備された美しい町でした。ともかく物資が豊富で、世界中の品物がありましたね。料理も中華料理がおいしかったし、道が広いし、花のあふれた街でした。

驚いたことに、こんにゃくの木がまるでヘビのようにニョキニョキと自生していました。日本人がこれに眼をつけて、乾燥させ、粉にして日本に送る商売をしていました。また、カポックという綿があり、絹のような手ざわりで、ベッドの芯に使われていました。カポックが咲くときは、道路が真っ白になりました。これも百斤ごとに梱包して日本に送っていました。砂糖も、そのころ日本では貴重品でしたが、日本では一斤三十八銭だったのが六銭でした。これを百斤詰めにして日本に送り、みんなに喜ばれましたね。

私は八年間そこで暮らし、子供四人とともに帰国（東京）しました。夫はそのあとも残っていましたが、胃潰瘍になり、十年目に日本に帰りました。東京の学校に勤めておりましたが、マカッサルという地に日本人学校を開校するので、再度要請されて行きましたが、戦争が激しくなって解散となり、終戦前に帰国しました。

インドネシアの生活は、とても優雅でした。ああ、これが西洋の生活なのかと思いました。当時のインドネシアは、世界各国の人種の集りでしたが、みんなゆったりと生活を楽しんでいましたね。

夕方、四時頃になると、湯あみをして、美しい服を着て、家族で散歩に出かけます。自動ピアノを車に積んで、街の角々で音楽が奏でられると、車も止められます。お店も五時には閉まるようになっていましたが、八時まで開けている店もあり、それは、日本人の店だけでした。

塀は日本のように高くはなく、庭が眺められます。庭にテーブルを出し、大きなランプが灯されます。そのランプの傘が色とりどりで、とっても美しいのです。散歩の後、六時から八時頃まで人々が集り、お茶を飲み、それからゆっくり夕食です。服装もとても美しい布があり、現地の人は器用で洋服の仕度がとても上手でした。早くて安かったです。

上流の生活で、庶民の生活とは違うのではって？　現地の人は、子供が一人できると、バナナの木を植えます。子沢山だから、家のまわりにバナナの木がいっぱいある家も多く、バナナを食べていれば暮していけるのです。

家もない、台所も、トイレもない人もいましたが、ヤシの葉を編んでゴザを作り、クルリと巻いて持ち歩き、どこにでも寝ます。体に巻いている布は大きくて、それを広げて蚊の来襲を防ぎます。食事も、米に油で揚げた魚をのっけて塩こしょうしたものをバナナの葉に包んだのが、三銭ぐらいで手に入り、果物も豊富で、貧しい人もお金持ちも、ゆったりのんびり生活を楽しんでいたという印象が強いですね。

もう半世紀以上も昔の話です。

思い出のままに記す

池田キクエさん（大正5年生まれ）

終戦後五十年以上の歳月がすぎ、月日の流れの早いのに目を見張るばかりです。夫は、牧園町の公務員で、役場勤めだったが、昭和十九年の春に突然の召集令状。当時の若者はむしろその日のくるのを心待ちにしている人が多かったと思うが、若者同様の召集令状ですっかり驚いてしまった。

召集令状を受けると、あわただしくその日のうちに出発で、別れを惜しむ間もなく大多忙だった。鹿児島市四五連隊に入隊で、送って行った。家族は門の所までで、中に入ることも許されず、小さかった息子とともに見送りました。そのとき私は身重でした。

それ以後、少し若くて元気な者は、皆かり出され、次に学徒動員も始まり、皆さん遠くへ召されて行かれました。

後で話を聞いたところでは、外地に行った夫は第一線でも戦い、悪病・熱病マラリアにかかり、四〇度以上の熱がいつまでも出たとのこと。帰還してからも心臓病でひどく苦しんでいたことを思い出します。

「お父さんは？」と聞かれると娘は「タンス」と答えていました。それは、タンスの中に写真をしまっていたからです。

終戦の報を聞き、てっきり帰還されるものと待っていましたが、当の本人は反対側のソ連へと、部隊の一同とともに連れて行かれていました。それから、一日も早くと、どれほどに待ったことか。

年老いた両親と小さい子供と、食べるのにどれほど苦しい思いをしたことか。やはり同年代の人と、過ぎ去りし若い日を語り合うこともあり、よくぞ今日まで元気で来られたとしみじみ思います。

食を求めて、自分自身の着物を持ち、食べものと取りかえていただくように、何回か田舎の奥深い農家へ足を運んだりしました。当時は、全てのものが配給制でしたが、いまの時代はありとあらゆる物があふれて品物が数限りなくあり、昔の亡き人たちにはとうてい考えられないことと思う。

年はめぐり、五年もの長い月日がたってしまって、六年目に入り、やっと七月に帰還の許しが出たらしい。ご近所の中島の叔父様たちが連れだって、霧島西口駅へ迎えに行って下さったが、その日は列車が通行止めで、鹿児島駅まで息子と迎えに行ったが何事もわからず、そのまま帰宅。帰還が十七日になったと後でわかりました。

戦後は食糧難で、山の土地を開墾して、やっと家の皆さんで食につきました。小さかった息子を連れて畑に行き、子守りをしながらの仕事でした。子供が田んぼの稲の中に入り、自分で稲穂を手にとって喜んだ姿が、今でも遠い記憶に残っています。

やがて、夫が再度役場に勤めることができるようになり、幾分なりとも家族の気持が軽くなりました。定年を迎えるまで真面目に務めを果たし、有難いことだったと思います。

定年退職してからは、栗の果樹園にすべてをかけました。栗は早くから一反歩ほど植えていたのですが、畠が上質で、面白いぐらいに実りが良くて、ずいぶんとたくさん取れて、一町歩の面積となり、とても二人では手が回らなくなり、人頼みの毎日でした。栗の実の落ちるのが多くて、仕事にきて下さった方がとてもびっくりなさっていました。

夫はマラリアの病気のため体が弱くて、すぐ熱が出、本当に気の毒でした。夫が逝ってから十五年、月日の流れに驚くばかりで、自身の長生きに目を見張るばかりです。

いまの日本は物が余るほど沢山あり、お金さえ出せばどんな物でも手に入り、有難いことだと思います。ずっとこれが続いてほしいと願う。

はてしなく続いてきた道のりは、はるか遠く思えますが、この先いつ果てるのか。このところ風邪気味で毎朝のようにセキやタンが出て、気分が悪くて困っています。腰も痛く、子供たちにも迷惑の限りで、気の毒だ、すまないと思う毎日です。早く元の体に戻りたいが、時間がかかり、どうすることもできず、心からすまないと感じている。自身は良い子供たちに恵まれて、心から「ありがとう」とお礼の気持ちでいっぱいです。

年とともに体がふらつき、しっかりしなくてはと自分自身に言いきかせています。

家で一人でいるときは、南日本新聞の「南風録」を写し書いているし、『復活』や『風と共に去りぬ』などの本も読んでいます。

自分のことは自身で守り続けていかなければと思っています。

おわりに

「十周年の記念誌を作るんだ、作るんだ！」と言っている間に、一年が過ぎてしまった。

この間に、退所したお年寄りや、病態が悪く病院に入院したお年寄り、そして亡くなられたお年寄りもいる。結婚したり職場を去った職員も数人いる。本当に、「時」は待ったなしに流れてゆく。

「一晩親子」の記録を中心に、介護者からの聞き書き、お年寄りからの聞き書きをまとめた。

ひとは人生をふり返るとき、どの時期の何を語るのだろうか。語られた内容が事実でないこともあるかもしれないし、記憶ちがいのこともあるだろう。が、そんなことは問題ではない。どの話も、そのひとらしく、興味深いものばかりだった。

また、介護者が、施設長としての私に語ることばも、本音でない部分があるかもしれない。でも、私は感動した。そして反省した。「観音様のようになりたい」「聖母マリアのようでありたい」なんて、意外なひとから意外なことばを聞き、ズッコケながら涙が流れた。

常日頃、少しもお年寄りのことを本気で考えているとは思えない政策に腹を立て、また、一人のお年寄りをめぐってたくさんのひとや機関がかかわり、停滞した日本経済を回復させるビジネスとして介護が脚光を浴びる現状のなかで、自分もそれに携わる一員なんだと自己嫌悪に陥ったりする自分が情けなかった。

介護の現場は、待ったなしにいつも動いている。たくましく、健康的に。そして、何よりも人間はすばらしい。

なお、老人保健施設の「生みの親」である水野肇先生から序文を頂戴したことは、今後の私たちの仕事への励みとなりました。ありがとうございました。

また、多忙のため、ともすれば本作りの作業を放置していた私を励まし続けてくださった、玉井出版企画の玉井孝夫さんと、今日の話題社の高橋秀和さんに感謝します。

杉安ひろみ

あとがき

連絡先

〒 899 — 4201

鹿児島県姶良郡霧島町田口 2115 — 1

介護老人保健施設「きりしま」

TEL 0995-57-3410　FAX 0995-57-3415

［編著者略歴］
杉安ひろみ（すぎやす・ひろみ）

医療法人財団浩誠会・介護老人保健施設「きりしま」施設長。社会福祉士。1946年、大阪生まれ。74年より鹿児島在住。92年、霧島杉安病院（院長は夫・浩一郎氏）の併設施設として、介護老人保健施設「きりしま」が開設されたのを機に、翌年より専業主婦から、初めて老人介護にかかわる。同時に通信教育で社会福祉を学び、96年に社会福祉士を取得。同年10月「きりしま」施設長に。忌野清志郎の大ファン。

いのちの花が咲いた
老人介護——私たちの試み「一晩親子」

2003年10月10日　初版発行

編 著 者　杉安ひろみ
企画構成　玉井　孝夫

装　　幀　谷元　将泰
発 行 者　高橋　秀和
発 行 所　今日《こんにち》の話題社《わだいしゃ》
東京都品川区上大崎 2-13-35　ニューフジビル 2F
TEL 03-3442-9205　FAX 03-3444-9439
印　　刷　シナノ
製　　本　難波製本

ISBN4-87565-541-X　C0036